AF591354

Barthelemy

JOURNAL
DE
L'ADJUDANT-GÉNÉRAL
RAMEL,

COMMANDANT DE LA GARDE DU CORPS LÉGISLATIF DE LA RÉPUBLIQUE FRANÇAISE,

L'UN DES DÉPORTÉS A LA GUIANE APRÈS LE 18 FRUCTIDOR;

Sur les faits relatifs à cette journée, sur le transport, le séjour et l'évasion de quelques-uns des Déportés ;

Avec les détails circonstanciés de la fin terrible du Général *Murinais*, de *Tronçon-Ducoudray*, etc. etc.

TROISIEME ÉDITION,

Revue, corrigée et augmentée de la lettre de *Ramel* au Directoire, et de douze notes qui ne se trouvoient point dans la première.

LONDRES.

1799.

AVIS

DE RAMEL.

Proscrit de mon pays, je ne puis invoquer ses lois en ma faveur ; mais je puis du moins invoquer celles de la justice et de l'honneur, et ce seroit les violer que de contrefaire mon ouvrage. Je préviens donc que cette édition est la seule que j'avoue; et j'espère que les Libraires respecteront ma propriété, et que le public, dans tous les cas, réprouvera le brigandage des contrefaçons en donnant la préférence à celle-ci.

RAMEL.

LETTRE
AU DIRECTOIRE EXÉCUTIF
DE LA
RÉPUBLIQUE FRANÇAISE.

Hambourg, ce 29 octobre 1798.

JE *viens d'arriver sur le continent d'Europe, citoyens directeurs ! j'ai eu le bonheur de rompre mes fers le 3 juin dernier. Je me hâte de vous l'annoncer et de vous prévenir que je vais habiter la ville de Kiel dans le Holstein, sous le nom d'Ekmar. — Seroit-il vrai, qu'un arrêté, qui circule dans les feuilles du jour, et par lequel il paroîtroit que vous venez de m'inscrire sur la liste des émigrés, fût de votre facture ? Quelqu'idée que je me sois faite de l'excès de votre despotisme, je ne puis croire à un tel degré de barbarie et de lâcheté. Eh quoi ! celui qui arrêté, condamné, et déporté à deux mille lieues de son pays, sans jugement, et sans avoir pu se faire entendre, sera assimilé aux ennemis de sa patrie, parce qu'il aura brisé ses fers et fui une mort certaine? L'époque du règne de Robespierre, offre-t-elle un acte plus féroce que celui-là ? je m'arrête... J'ai cru devoir faire cette déclaration pour la faire valoir au besoin.*

L'adjudant-général

J. P. RAMEL.

AVERTISSEMENT.

J'AVAIS mis en ordre ce Journal peu de tems après mon arrivée sur le continent, au mois d'octobre dernier; la longue maladie que j'ai essuyée en a retardé la publication. J'ignore si quelqu'un de mes compagnons d'infortune a déjà publié les faits que je rapporte, et dont plusieurs paraîtront d'autant plus invraisemblables qu'ils sont plus fidèlement retracés : en faisant connaître les exemples de courage et de confiance que j'ai reçus d'eux dans cette grande adversité, je crois remplir un devoir.

Arraché de mon poste sans avoir pu repousser la force par la force, paralysé par des ordres supérieurs plus encore que par la présence d'une armée entière et d'une formidable artillerie, il m'importoit que les détails de mon arrestation fussent connus : on a répandu des doutes sur la légalité de la conduite que j'ai tenue au 18 fructidor, lorsqu'enveloppé par l'armée d'Augereau, et personnellement attaqué par son état-major, j'obéis à l'ordre de me rendre aux arrêts. Tel était cependant l'état de la législation par rapport à la garde du corps législatif, que je me trouvais réellement sous les ordres d'Augereau, et que ce corps de grenadiers faisait partie de l'armée, et de la 17e. division militaire. La révocation de cette loi absurde qui mettait réellement le Corps-Législatif sous la main du Directoire était encore en discussion dans la dernière séance qui précéda nos malheurs.

Mon seul respect pour l'opinion des hommes honnêtes m'a porté à donner ce court éclaircissement d'un fait que mon récit expliquera suffisamment; je sais trop bien que le succès seul justifie auprès des hommes passionnés, et qu'après ces grands coups du sort, celui-là seul reste malheureux qui n'a point eu lui-même l'appui de sa bonne conscience. J'ai porté ma part du poids des malheurs communs, j'ai perdu dans les orages de la révolution trois frères chéris; l'aîné fut traîné à l'échaffaud après s'être signalé à la tête d'un régiment de dragons; son crime fut d'avoir voté avec les défenseurs de la constitution monarchique dans l'assemblée législative; j'étais détenu avec lui dans la même prison : on l'arracha de mes bras, et j'aurais subi le même sort que lui après seize mois d'emprisonnement, si le brave général Dugommier, en renversant les échaffauds, ne m'avait sauvé la vie comme aussi à 30,000 habitans des provinces méridionales.

Le cinquième, officier au régiment de Welslé irlandais, ayant refusé après le 10 août 1792 de prêter le nouveau serment qu'on exigeait de lui et ayant au contraire renouvelé celui de fidélité à la constitution de 1791, fut massacré à Châlons par des gendarmes, ou pour mieux dire, des assassins.

Le quatrième a été tué à côté de moi à l'armée du Rhin.

J'ai desiré, j'ai poursuivi avec ardeur la destruction de cette tyrannie sanguinaire qui a répandu le deuil sur ma vie comme sur mon malheureux pays; mais lorsque je pris le commandement de la garde du Corps-Législatif, le 1er. janvier 1797, ce fut de bonne foi que je me réunis à tous les honnêtes gens qui voulaient ramener l'ordre, et faire cesser l'iniquité des lois révolutionnaires.

Je suis enfin sur le continent d'Europe, et je quitte une terre hospitalière où mes compagnons d'infortune et moi, avons reçu un accueil également honorable au gouvernement qui l'a offert, et aux victimes de la tyrannie qui en ont été l'objet. Cependant la plus juste reconnoissance n'a pu me fixer au milieu de nos généreux ennemis; je les estime assez pour être persuadé que les motifs qui m'ont engagé à refuser l'asile qu'ils m'offroient, m'ont concilié leur estime. Ce n'est pas, je veux le croire, contre notre patrie, ce n'est pas contre la France, mais contre les tyrans qui la tiennent aux fers, que l'Angleterre poursuit la guerre; ce sont cependant des soldats français, dont le sang vient d'être versé sur les flots, et va de nouveau couler sur nos frontières. J'ai partagé leurs travaux et leurs dangers, et je serais encore dans leurs rangs, si je n'en avais été arraché par la violence. Je ne veux épouser d'autre cause que celle de l'indépendance nationale, et n'aurai jamais d'autres compagnons d'armes que des Français, armés pour la liberté de leur pays. Ainsi le sentiment d'une éternelle gratitude s'accorde dans mon cœur, avec celui de l'inviolabilité de mes devoirs; et c'est pour faire éclater l'un et l'autre, en rendant hommage à la vérité, que je publie cette relation. — On y reconnoîtra aisément le style d'un soldat, qui n'a pris part à de grands évènemens, qu'en raison de la place qu'il occupoit, mais qui n'étant jamais sorti du cercle étroit de son devoir, ne veut pas que les tyrans qu'il déteste, et les intriguans qu'il méprise tracent son rôle, et marquent sa place au gré de leurs passions ou de leurs intérêts. Si tous ceux qui ont eu le malheur d'être acteurs dans les scènes de la révolution française, déposaient ainsi pour la postérité, les faits seulement dont ils ont été témoins, il resterait après eux des matériaux pour l'histoire, où ceux qui chercheront un jour la vérité, au milieu des contradictions sans nombre, trouveraient des pièces revêtues d'un caractère d'authenticité qui n'appartient qu'au témoignage d'une conscience sans reproches. — Je n'ai pu conserver pendant mon exil que des notes qui ont aidé ma mémoire, affaiblie par la maladie, à rétablir l'ordre et la chaîne des évènemens; plusieurs détails m'auront sans doute échappé, mais les faits principaux, les traits les plus intéressans, se trouveront rapidement exposés. Ce seront les faits tout nus, l'affreuse vérité: bien loin d'y rien ajouter, j'éviterai même les plus simples réflexions; en retraçant ces funestes images, je repousserai les ressentimens qu'il leur seroit permis de réveiller. Mon cœur est trop plein des malheurs de ma patrie, des infortunes de ma famille, et de la situation affreuse où j'ai laissé plusieurs de mes compagnons d'infortune, pour que la haine et la vengeance puissent y trouver place.

J'étais, depuis 1792, adjudant-général de l'armée du Rhin, sous les ordres du général

Moreau (1), et spécialement chargé du commandement du fort de Kelh, assiégé par le

(1) Le général Moreau est et sera toujours, selon moi, un grand homme; j'ai appris à apprécier par moi-même le degré de confiance qu'on doit accorder aux hommes de parti. Moreau est républicain, je le suis. S'il a dénoncé Pichegru (ainsi qu'on l'assure), il doit avoir eu ses raisons; s'il a été trompé, je le plains. Moreau, au reste, n'est point, ainsi que l'on a dit, l'ouvrage de Pichegru. Ce dernier n'étoit que chef d'un bataillon de garde nationale du département du Doubs; vers la fin de 1793, il fut fait général par Saint-Just et Lebas, en mission à l'armée du Rhin : Moreau étoit déjà général à l'armée du Nord. Je ne dois rien, ni à l'un ni à l'autre, que la partie de reconnoissance qu'ils ont justement méritée tous deux de la nation entière. Barrère-Bailleul, qui prétend *qu'on ne prouve pas la lumière*, aura beau vouloir prouver le contraire de ce que j'avance.

J'ai jugé, comme le général Moreau, la conduite du Conseil des Cinq-cents avant le 18 fructidor; elle n'étoit point du tout rassurante pour les amis de la liberté. Je ne me cachois point pour dire que tels et tels députés étoient déplacés dans le Corps législatif; j'ai plusieurs fois annoncé à différens représentans, au directeur Carnot sur-tout; j'avois promis aux officiers du corps que je commandois, que le jour où le Corps législatif violeroit ouvertement la constitution, je marcherois contre lui à la tête des grenadiers..... Et comment n'avoir point conçu d'inquiétudes. Le représentant Dumas, mon ami, membre du Conseil des anciens, ayant adressé au Corps-législatif une pétition tendante à obtenir pour l'ex-ministre de la guerre Duportail, sa radiation de la liste des émigrés, jamais on n'a daigné s'en occuper. M. Duportail étoit sorti de la France en 1793, pour passer en Amérique et fuir l'échafaud. Certes, M. Duportail avoit donné assez de preuves de son patriotisme, son sang avoit coulé pour l'indépendance du nord de l'Amérique; et les services

prince Charles, lorsque je reçus du Directoire l'ordre de me rendre à Paris pour y prendre le

---

qu'il a rendus à son pays, son dévouement à la cause de la liberté, sont assez authentiques. Le Conseil n'avoit qu'à parler, et il s'est tu.

A cette même époque, je saisis l'occasion pour parler à la commission des inspecteurs du Conseil des Cinq-cents, où étoient rassemblés plusieurs députés, du général Lafayette et de ses compagnons d'infortune. Quoique je n'aie aucune obligation particulière à ce trop malheureux général, je n'ai cessé de manifester mon indignation contre l'ingratitude de la ville de Paris. J'osai dire « qu'il étoit tems » enfin de s'occuper de cet infortuné détenu, pri- » sonnier contre le droit des gens, proscrit par le » fanatisme de la liberté, et que les partisans de » l'ancien régime ne cessent de désigner sous la qua- » lification de grand coupable; que sa captivité étoit, » sous tous les rapports, un déshonneur pour la » nation Française et un outrâge à la liberté; que le » général Lafayette, si odieux à Louis XVIII, à » ses courtisans, et en même tems aux hommes » de 1793, et 1794, devoit enfin trouver des amis » parmi ceux de la constitution de l'an 3. » On croira difficilement qu'il n'y eût que deux conventionnels qui ne partagèrent point mon avis : ces deux législateurs, que j'aurais bien envie de nommer, sont assez connus par leurs excès révolutionnaires; par une fatalité inconcevable, ils sont proscrits..... je m'arrête.

Les triumvirs et les représentans proscripteurs me diront peut-être que j'avoue moi-même que la liberté a été en danger, à l'époque du 18 fructidor : je suis bien loin de vouloir le nier; mais la constitution était une sauve-garde; il fallait citer les coupables devant la haute-cour nationale, et non les déporter arbitrairement; il fallait sur-tout ne pas confondre ceux qui ne s'étaient jamais vus et diamétralement opposés d'opinion....

Discite justitiam moniti non temnere divos.

Qu'avais-je de commun avec MM. Brothier et

commandement de la garde du corps-Législatif, auquel le choix des deux Conseils m'avait appelé. Ce corps de grenadiers d'abord composé d'un bataillon de huit cents hommes, venait d'être porté à deux bataillons de six cents hommes chacun. Le fond de ce corps était celui des grenadiers de la Convention. Il suffit de se rappeler l'époque à laquelle il fut formé pour juger de l'esprit qui y régnoit, et de la nécessité d'une réforme; j'y travaillai sans relâche. La nouvelle formation, et le complètement par d'excellens grenadiers choisis dans toutes les armées, m'en donnèrent les moyens. Je fus si bien secondé par le zèle des deux commissions et par les ministres, qu'en dépit des cabales des jacobins, je parvins à rétablir la discipline dans le service, et l'ordre dans l'administration. Souvent attaqué, j'ai eu plus d'une occasion de faire connaître ma fidélité à la constitution, aux amis et aux ennemis du gouvernement; il en résulta ce à quoi je devois m'attendre; je déplus également aux deux partis extrêmes; tant que la marche des affaires fut dirigée par des hommes sensés, je n'eus à me défendre que contre d'obscurs scélérats qui travaillaient sans cesse à corrompre les grenadiers, et s'efforçaient vainement de me rendre suspect; mais après le dernier renouvelement du Corps-Législatif, à mesure que

---

Lavilheurnois? A Londres, l'on dit que c'est moi qui les ai dénoncés; dans ce tems, vous me faites conspirer avec eux; et la vérité est que je n'ai vu ces messieurs, pour la première fois, que dans la voiture qui nous déporta à Cayenne.

les discussions s'animèrent, et surtout lorsque le Directoire porta le feu partout, par l'intervention des adresses de l'armée d'Italie, je fus tourmenté de toutes parts, et les factieux surent profiter de l'agitation générale, si favorable à leurs desseins : ils ne cachèrent plus leurs trames. Je surpris leurs émissaires dans les casernes, dans les rangs; tous les moyens de séduction étoient employés. En songeant aujourd'hui à la conduite que je tins dans ces circonstances difficiles, je ne peux m'en repentir, puisqu'elle m'a valu la haine des méchans, et me servait à tenir en bride les hommes trop ardens. Quelques-uns auraient bien voulu m'éloigner, et le Directoire me fit offrir peu de tems avant le 18 fructidor, un autre poste et de l'avancement, si je voulais donner ma démission, par cela seul que j'étais résolu de rester fidèle à mon devoir (1). J'étais certain de finir par être victime de mon dévouement, et je ne pouvais attendre de justice d'aucun des partis qui s'attaquaient sans ménagement, mais seulement du petit nombre de ceux qui devaient finir par être immolés à leur fureur. Con-

---

(1) Je réclame le témoignage des représentans du peuple Pétiet et Lacuée; ils peuvent attester ce que j'avance. Le ministre de la guerre Pétiet, vint, quelque tems avant le 18 fructidor, signifier aux commissions des inspecteurs des deux conseils, que le gouvernement desiroit que je me démisse du commandement des grenadiers, et qu'il m'avoit destiné la place de chef de division de la gendarmerie du département de la Moselle, etc. C'étoit donc à un conspirateur qu'on vouloit confier un poste dont les fonctions sont si délicates !....

tent de l'estime des vrais patriotes, c'est à tous les hommes raisonnables qu'il appartient de juger si je l'ai mérité.

Déjà depuis plusieurs jours, sur les avis qu'avaient reçus les commissions d'inspection du palais des deux Conseils, une plus grande vigilance m'avoit été recommandée ; j'avais pris toutes les précautions nécessaires pour n'être point surpris par la seule attaque qu'on parut craindre, celle des anarchistes qui depuis quelque tems remplissaient tous les lieux publics, et menaçaient hautement le Corps-Législatif jusque dans l'enceinte confiée à ma garde. Le 17 au soir, lorsqu'après avoir visité mes postes, j'allai prendre les ordres des membres de la commission, ils me parurent aussi peu disposés que les jours précédens à croire que le Directoire voulût entreprendre de détruire le Corps-Législatif, et qu'il osât diriger contre lui la force armée. J'entendis plusieurs députés, entr'autres, Emery, Dumas, Vaublanc, Tronçon-Ducoudray, Thibaudeau, s'indigner de cette supposition, et de l'espèce de terreur qu'elle servait à répandre dans le public. Leur sécurité fut telle qu'ils se retirèrent avant minuit et furent suivis par ceux de leurs collègues que des avis particuliers avaient engagés à venir leur faire part de leurs craintes. Je retournai à mon quartier et m'assurai que mes grenadiers étaient prêts à prendre les armes. Le 18, à une heure du matin, je reçus du ministre de la guerre l'ordre de me rendre chez lui ; j'allai d'abord à la salle des commissions : un seul des inspecteurs, Rovère, que je trouvai couché, y était resté; je lui rendis compte de l'ordre que je venais de recevoir; j'ajoutai qu'on m'avait assuré que plusieurs colonnes de troupes entraient dans Paris, et que le commandant du poste de cavalerie auprès des conseils venait de me faire prévenir qu'il avoit retirer ses vedettes, et fait passer sa troupe au-delà des ponts ainsi que les deux pièces de canon qui étaient dans la grande cour des Tuileries. Il faut observer que c'était d'après les ordres du commandant en chef Augereau, que l'officier de cavalerie refusait de reconnaître les miens, et avait fait passer les ponts à sa troupe. Rovère me répondit que tous ces mouvemens de troupes ne signifiaient rien, qu'il était prévenu que plusieurs corps devaient défiler de bonne heure sur les ponts pour aller manœuvrer, que je devais être tranquille, qu'il avait des rapports très-fidèles, et qu'il ne voyait aucun inconvénient à ce que je me rendisse chez le ministre de la guerre; ce que je ne jugeai pas à propos de faire, dans la crainte de me trouver séparé de ma troupe.

Retiré chez moi, à trois heures et demie du matin, le général de brigade Poinçot, ancien garde-du-corps avec lequel j'avais été très-lié à l'armée des Pyrenées, se fit annoncer de la part du général Lemoine, et me remit un billet conçu en ces termes : « Le général Lemoine somme, au nom du » Directoire, le commandant des grenadiers » du Corps-Législatif, de donner passage par

» le Pont-Tournant à une colonne de quinze « cents hommes chargée d'exécuter les ordres » du gouvernement ». Je répondis à Poinçot que j'étais étonné qu'un ancien camarade qui devait me connoître se fût chargé de m'intimer un ordre que je ne pouvais exécuter sans me déshonorer. Il m'assura que toute résistance serait inutile, et que mes huit cents grenadiers étaient déjà enveloppés par douze mille hommes avec quarante pièces de canon. Je répliquai que les forces dirigées contre le poste qui m'était confié, ne me forceraient pas à rien faire contre mon devoir ; que je n'avais d'ordre à recevoir que du Corps-Législatif, et que j'allais les prendre. Dans l'instant j'entendis un coup de canon si près de moi, que je crus qu'on attaquait mes postes ; mais ce n'était qu'un signal. Je fis prendre les armes à mes grenadiers, et me rendis aux Tuileries, accompagné des chefs de bataillons Pousards et Pleichard (1), excellens officiers, en qui j'avais une juste confiance. Je trouvai à la commission des Inspecteurs les

(1) Le chef de bataillon Pleichard fut toujours mon ami intime ; nous avions l'un dans l'autre une confiance entière : je connois peu de militaires plus instruits, plus remplis de qualités civiles et morales, plus rigides observateurs de la discipline, enfin plus républicains que mon ami : toutes ces qualités, particulièrement son attachement pour moi, et son profond mépris pour Ramponneau-Blanchard, lui ont valu la haine des triumvirs et des représentans-proscripteurs, et par suite sa destitution. Les capitaines Zimerman, Lambert, Duvervier, tous mes amis et excellens officiers ; les lieutenans Teissier, Blot, Thibaudeau, Larivière et Béthisy, ont eu le

généraux Pichegru et Villot. J'envoyai des ordonnances chez le général Dumas, chez les présidens des deux Conseils, Lafond-Ladebat pour les anciens, et Siméon pour les Cinq-Cents. Je fis aussi prévenir les Députés dont les logemens m'étaient connus dans le voisinage des Tuileries; j'engageai le général Pichegru à venir reconnaître l'investissement, que nous trouvâmes déjà formé. Je renouvelai au capitaine Vallière, commandant le poste du Carrousel, et au lieutenant Leroi, commandant celui du Pont-Tournant, l'ordre de tenir ferme, et de ne se retirer que sur un ordre signé de moi. Nous rentrâmes à la Commission; et lorsque je demandais des ordres pour la disposition de ma réserve, une ordonnance vint rendre compte que la grille du Pont-Tournant était forcée; au même instant les divisions d'Augereau et de Lemoine se réunirent, le jardin fut rempli de troupes des deux armes. On dirigea une batterie sur la salle du Conseil des Anciens; toutes les avenues furent fermées, tous les postes doublés et masqués par des forces supérieures; le seul poste de la salle du

---

même sort; ils avoient commis le crime de dire que Blanchard n'étoit qu'un fripon et un lâche. Il est bon d'observer que tous ces officiers destitués sont les seuls du corps des grenadiers qui eussent été choisis dans les armées, où ils s'étoient particulièrement distingués. Mais à présent nous avons le fin mot; le pillard de Mayence, Reubell, veut qu'on se défasse des militaires qui ont bien servi leur pays, disant qu'il seroit dangereux de se rappeler leurs services. — *Avis aux armées.*

Conseil

Conseil des Cinq-cents, commandé par le brave lieutenant Blot (1), avait refusé d'ouvrir les grilles et de se mêler avec les troupes d'Augereau. Dans cette extrémité, je demandai positivement l'ordre de dégager la réserve des grenadiers, et de repousser la force par la force. Les Députés me répondirent que toute résistance serait inutile, et me défendirent de faire feu : il était alors quatre heures et demie. Le général Verdière vint signifier aux députés déjà réunis, qu'il avait ordre de les faire sortir du palais, et d'en emporter les clefs au Directoire. Le refus excita de vives altercations ; Verdière insista et engagea l'un d'eux à descendre dans le jardin, pour parler au général Lemoine. Rovère descendit aussi, et je l'accompagnai avec mes deux chefs de bataillon. Mais nous ne trouvâmes pas le général Lemoine sur la terrasse ; cependant Verdière conseilla aux Députés de se retirer, *pour leur sûreté* ; et sur leur refus, il ferma toutes les issues, et fut prendre, dit-il, les ordres du Directoire.

Je retournai à mon poste à la réserve des grenadiers d'où j'envoyai un homme de con-

(1) Ce brave officier a été destitué par le directoire. C'est ainsi que cet exécrable gouvernement récompense les officiers fidèles à la constitution et à la discipline militaire.... Le lieutenant Blot n'a fait qu'exécuter mes ordres. Ce brave homme a femme et enfans ; il est sans fortune, et je suis certain qu'il est dans la misère : cette idée, et l'impossibilité dans laquelle je suis de le soulager, sont pour moi un surcroît de chagrins ; je le recommande aux ames honnêtes et patriotes.

fiance à la rencontre du général Dumas, pour le prévenir de songer à sa sûreté. Il reçut cet avis au moment où il se présentait dans la cour de la caserne des grenadiers, et j'ai appris par mes compagnons d'infortune les efforts qu'il fit pour se réunir à eux. Il pénétra jusque sur la terrasse, au pied du pavillon, où les troupes d'Augereau étaient en bataille, et après avoir reconnu que les inspecteurs étaient arrêtés, il allait monter dans la salle pour partager leur sort, lorsque ses collègues lui jetèrent un billet pour l'engager à se sauver; il eut le bonheur de ramasser ce billet sans être apperçu, et celui d'échapper aux sentinelles, dont la consigne était de ne laisser sortir personne de l'enceinte. A cinq heures et demie, un aide-de-camp du général Augereau m'apporta l'ordre suivant: « Il » est ordonné au commandant des grenadiers » du Corps-Législatif, de se rendre avec son » corps, sur le quai d'Orsay, où il attendra de » nouveaux ordres: *signé* Augereau ». Je refusai d'obéir: je ne pouvais plus avoir de communication avec les commissions bloquées et arrêtées dans le palais; j'attendais avec ma troupe les ordres des deux Conseils (1).

(1) Je laisse à d'autres à comparer la conduite du corps législatif, le 18 fructidor, avec celle que tint l'assemblée constituante au jeu de paume en 1789. Certes, alors le danger étoit bien plus réel; et ce fut cependant un vieillard, le vertueux Bailly, qui donna le signal de l'insurrection contre les ministres d'un roi trompé. Et vous, membres trop fameux de la première assemblée législative, de la convention et des conseils au 18 fructidor, et qui, quelques jours avant cette époque, annonciez avec tant d'emphase

Je dois rendre cette justice à mes grenadiers ; jusqu'à ce moment, malgré la position critique où nous nous trouvions, les rangs furent gardés avec le plus grand calme, et je n'entendis pas un seul murmure : je crois que bien loin d'être entraînés à la défection par un petit nombre de factieux obscurs, la saine majorité des grenadiers, eût forcé ceux-ci de combattre glorieusement avec eux, si ma bonne fortune m'eut fait recevoir l'ordre de repousser la violence par les armes. J'avais fait former le cercle à mes officiers, pour leur communiquer l'ordre d'Augereau ; presque tous approuvèrent ma conduite ; ce fut l'instant que prirent quelques factieux pour éclater. Le capitaine Tortel s'écria : « Nous » ne sommes pas des Suisses ». Le lieutenant Ménéguin, osa se vanter d'avoir le plus contribué à la révolte des Gardes-françaises. Le sous-lieutenant Devaux dit : « je me suis battu » et j'ai été blessé le 13 vendémiaire, en » combattant contre Louis XVIII, et je ne » veux pas aujourd'hui me battre pour lui ». Un autre cria tout haut : « les conseils travail- » lent pour le roi, ce sont des gueux à ex-

---

que vous étiez déterminés à braver les baïonnettes directoriales, pourquoi n'avez-vous pas eu le courage de vous réunir aux conseils ? pourquoi n'êtes-vous pas venus vous constituer prisonniers au Temple avec vos collègues, et partager leur déportation ? Les représentans Marbois, Tronçon, Murinais, etc. n'avoient pas été les instigateurs des divisions qui existèrent parmi les premières autorités ; ils avoient, au contraire, employé tous leurs efforts à rapprocher les partis opposés et trop ardens : jugez maintenant qui d'eux ou de vous, a mieux mérité de la nation !...

terminer ». Pendant ces discours et les disputes qu'ils occasionnaient entre les officiers, le désordre commença à gagner dans les rangs. Le chef de brigade Blanchard, qui commandait sous moi, et qui depuis deux mois n'avait osé se montrer, parce que j'avais mis à découvert ses intrigues, ses liaisons avec des hommes de sang, et ses rapines dans l'administration du corps (1), parut tout-à-coup, et me somma, à cause, disait-il, du

(1) Il suffira d'un seul trait pour faire connoître l'exacte probité de ce Blanchard. A l'époque de l'émission des mandats, le ministre de la guerre Petiet avoit accordé au corps des grenadiers une somme de 6000 livres ; ce papier perdoit en ce moment 60 pour 100, ce qui donnoit une somme réelle de 2400 livres. M. Blanchard, capitaine de l'habillement, reçut cet argent et n'en rendit aucun compte au conseil d'administration. Lorsque je vins prendre le commandement des grenadiers, (c'est-à-dire huit mois après, et que les mandats perdoient 99 pour 100), ce M. Blanchard se trouvoit encore possesseur de la somme de 6000 liv. mandats.

Dans les premiers jours de mon commandement, les officiers de tout grade, les sous-officiers et les grenadiers m'accablèrent de plaintes sur les infidélités et les bassesses de ce Blanchard. qui de capitaine d'habillement, venoit d'être promu au grade de chef de brigade. Je restai long-tems sans vouloir croire qu'un officier fût capable de tant d'infamies. Je croyois que la haine que le corps de grenadiers portoit à ce Blanchard ne provenoit que de l'indignation qu'excitoient ses liaisons avec tous les coupe-jarrets de Paris, les conventionnels connus par leurs crimes et leurs vols, et enfin de ce qu'il avoit été pendant la terreur le secrétaire intime de Robespierre et son espion favori..... il fallut céder. L'histoire des mandats me frappa. Je ne vis que trop que M. Blanchard n'étoit qu'un *patriote fripon ;* il devint bientôt *patriote opprimé* quand

danger où nous étions, de faire distribuer des cartouches.

Je fus indigné de sa lâche imprudence, et comme je me laissai emporter jusqu'à le lui témoigner vivement, j'observai que les grenadiers partageaient mon indignation, ces mêmes grenadiers qui une heure après, marchèrent sous les ordres d'un officier qu'ils méprisoient et le suivirent au directoire.... Quelle leçon pour les chefs de troupes?... Peu d'instans après cette scène, je fis ouvrir les rangs pour inspecter ma troupe qui faisoit

---

je voulus lui faire rendre gorge. J'étois le maître de le traduire devant un conseil de guerre; je me contentai seulement de lui faire rembourser 60 livres. J'ai toujours répugné à faire de la peine aux officiers sous mes ordres.

Ce Blanchard est puissamment protégé par Reveillère et Rewbell; c'est chez ce premier, qu'il passa la nuit du 17 au 18 fructidor. Ce Blanchard n'a jamais servi aux armées; il n'a vu d'autre feu que celui du 13 vendémiaire; et cependant cet homme, aussi fourbe que vil, commande les douze cents grenadiers de la garde du corps législatif! Je suis certain qu'il est généralement méprisé des officiers, et notamment des grenadiers venus des armées. Cet officier ne connoît aucun principe de l'état militaire.

Je ne puis terminer cette note sans y ajouter une réflexion que je n'ai cessé d'offrir aux législateurs, pendant le tems que j'ai commandé à Paris. La garde du corps législatif se forme de douze cents grenadiers : si c'est une garde de sûreté contre le Directoire, elle est trop foible; si c'est une garde d'honneur, elle est trop forte. Un corps de troupes d'élite ne sauroit être que très-dangereux à Paris, même à tous les partis. J'ai souvent proposé son licenciement; on a dû en trouver la proposition réitérée dans les papiers de la commission des inspecteurs.

encore bonne contenance. J'arrivais à la troisième compagnie, lorsqu'aux cris redoublés de *Vive la République*, Augereau parut à la tête d'un état-major si nombreux, que la première cour de la caserne en étoit remplie. Plus de 400 officiers de tout grade parmis lesquels je reconnus des hommes justement fameux, tels que Santerre, Tunck, Ton., Rossignol, Pujet, Barbantane, Chateauneuf-Randon, Bessière, Fournier, Pâche, la veuve Ronsin en habit d'amazonne, Dutertre et Peyron tous deux échappés des galères, et en mot l'écume des braves armées françaises, et tous les chefs des bandes révolutionnaires pénétrèrent en un moment dans les rangs de mes grenadiers, en répétant le cri de *Vive la République*. En cet instant, Augereau vint droit à moi, et dans son cortège qui me sépara de ma troupe, j'apperçus Blanchard excitant ses dignes amis, et se mêlant avec eux dans les rangs. Parmi plusieurs cris sinistres, je distinguai celui-ci : « Soldats, on » veut faire de vous comme des Suisses au » 10 Août ». Commandant Ramel! s'écria alors Augereau, pourquoi n'avez-vous pas obéi aux ordres du ministre et aux miens? — Parce que j'en avais reçu de contraires du Corps-Législatif. — Vous vous êtes mis dans le cas d'être traduit au conseil de guerre, et d'être fusillé. — J'ai fait mon devoir. — Me reconnaissez-vous comme commandant en chef de la division? — Oui. — Eh bien! je vous ordonne de vous rendre aux arrêts. — J'y vais. Je traversais la galerie de communication du quartier des grenadiers à mon logement, lorsque j'entendis qu'Augereau me suivait avec une partie de son état-major : parmi plusieurs menaces, je distinguai ces paroles : « Tu souffriras autant que tu as fait souffrir les autres». Je n'ai fait souffrir personne, mais j'ai su punir les brigands qui le méritaient. Comme en cet instant, il me serrait de près, je portai la main sur la garde de mon épée ; mais toute la bande fondit sur moi, mon arme fut brisée ; je fus traîné, déchiré. Le plus acharné de mes assassins était un sous-lieutenant de grenadiers, appelé Viel, que j'avais envoyé aux arrêts quelques jours auparavant : il cherchait dans la mêlée à me plonger son sabre dans le corps. Ce fut à Augereau lui-même, que je dus de n'être pas égorgé ; il parvint à me dégager en criant avec force : « Laissez, laissez, ne le » tuez pas, je vous promets qu'il sera fusillé » demain ». Ces brigands déchirèrent mon chapeau qui était tombé dans cette lutte, mais non pas comme on l'a dit, les marques distinctives de mon grade, c'est de sang qu'ils étaient altérés. Un domestique fidèle accourant au-devant de moi, fut sabré au visage, et se sauva couvert de blessures dans la chambre de ma femme. Parvenu chez moi, on ne me permit pas d'arranger mes affaires ; je fus conduit presqu'immédiatement au Temple avec mon frère Henri, qui demanda et obtint la permission de m'accompagner.

Le geolier de cette prison dit en nous recevant : en voilà donc un ; il faut mettre monsieur dans la chambre des *opinions*. C'étoit celle qu'avait occupée l'infortuné Louis XVI, et je n'espérais pas d'en sortir autrement que lui. A huit heures et demie le geolier vint m'annoncer qu'on venait d'amener les députés arrêtés à la commission des inspecteurs. On les fit aussi monter dans l'appartement du roi, et on laissa libre la communication avec les chambres qu'avaient autrefois occupées la reine et les princesses. Les représentans arrêtés étaient : Pichegru, Villot, Dauchy de Loire, Jarry, Lamettrie, Larue, Bourdon de l'Oise et Durumas. Nous trouvâmes au Temple le commodore Smith, La Vilheurnois, Brottier et Duvergue du Presle ; mais ce dernier fut transféré à la Force au moment de notre arrivée. A midi on amena le député Aubry ; à trois heures et demie, Lafond-Ladébat, président du conseil des anciens, Tronçon Ducoudray, Marbois, Goupil de Préfelu, tous du même conseil. Ces derniers furent arrêtés dans la maison de Lafond-Ladébat, sous prétexte qu'ils formaient un rassemblement séditieux. On les conduisit d'abord chez le ministre de la police Sotin ; ils se plaignirent de la violence exercée sur des représentans de la nation, et ils demandèrent l'exhibition des ordres du Directoire. Sotin leur répondit ironiquement : « Il est fort inutile que je vous » les produise ; vous sentez bien, messieurs, » que quand on est venu là, il est égal de se » compromettre un peu plus ou un peu moins». Le dix-neuf, nous apprîmes les détails des séances de la minorité des deux conseils tenues sous les yeux du Directoire et la loi qui nous condamnait sans motif, sans jugement, à être déportés dans le lieu fixé par le Directoire lui-même. Ce jugement nous surprit; nous n'avions pas douté d'après la violence de notre arrestation, qu'on ne nous préparât, sous des formes militaires, un supplice moins long, et par conséquent plus doux. Ceux des députés emprisonnés, mais non proscrits, furent mis en liberté; c'étaient Goupil Préfelu, Lamettrie, Dauchi, Jarry et Durumar. Le 20, le général Augereau donna un ordre conçu en ces termes: » Il est ordonné au général Dutertre, com» mandant au Temple, de ne permettre la » communication avec les déportés à aucun » homme, quel que puisse être l'ordre dont » il soit porteur et l'autorité qui l'auroit » donné, à moins que ledit ordre ne soit si» gné de moi » (Ce Dutertre sortoit depuis un mois, des galères de Toulon, où il avoit été mis en exécution d'un jugement d'un conseil de guerre pour crime de vol, assassinat et incendie commis dans la Vendée). Ce jour-là même, il fut permis à nos femmes de venir au Temple. Que de scènes déchirantes! que de cruelles séparations! Je ne pus voir la mienne qu'en présence d'un officier qui ne nous permit ni de parler bas, ni de nous servir du patois Languedocien, qu'il n'entendoit pas. Irrité de cette contrainte, je rompis notre entretien, et je suppliai ma femme de se retirer: elle m'obéit. Mais ses cris et ses sanglots retentissent encore à mon oreille! Le même jour on amena au Temple le général Murinais, l'un des inspecteurs de la salle du conseil des anciens. Ce vénérable vieillard avait été arrêté au moment où, dans la plus grande sécurité, il se rendait au Conseil.

Le 21, je me séparai de mon frère Henri; j'eus beaucoup de peine à le déterminer à me quitter, il s'obstinait à vouloir partager mon malheur, et sans le secours de mes compagnons d'infortune, Tronçon-Ducoudray et Barbé-Marbois, je ne serais jamais parvenu à le convaincre qu'il ferait plus pour moi en devenant l'appui de ma famille qu'en m'aidant à porter mes fers. A minuit le geolier vint nous annoncer que le ministre de la police venait d'arriver avec le directeur Barthélemy, et que vraisemblablement nous allions partir. On ne nous donna pas un quart-d'heure pour rassembler nos effets, quoiqu'aucun de nous ne fût préparé à un départ si précipité. Descendus au bas de la tour, nous trouvâmes Barthélemy entre Augereau et Sotin, qui, en l'amenant au Temple dans sa voiture, lui avoit dit: « Voilà » ce que c'est qu'une révolution, nous triom- » phons aujourd'hui, votre tour viendra » peut-être ». Barthélemy lui demandant s'il n'étoit arrivé aucun malheur et si la tranquillité publique n'avait pas été troublée: Non, avait répondu Sotin, la dose était bonne, elle a bien pris, et le peuple a avalé la pilule. Le même Sotin nous quitta en affectant beaucoup de gaité, et en nous disant: « Messieurs, je vous souhaite un bon » voyage »: Augereau fit l'appel des condamnés; à mesure que nous étions nommés, une garde nous conduisoit aux voitures à travers une haie de soldats qui nous insultaient. Quelques-uns même d'entre nous furent maltraités ; nos domestiques, parmi lesquels était mon pauvre Etienne, le visage balafré de coups de sabre, n'avaient pas quitté la porte de la prison, et ils épiaient le moment de notre départ pour nous dire adieu ; mais ils furent repoussés et frappés par les soldats qui criaient : ce n'est pas là ce qu'on nous avait promis ; pourquoi les laisse-t-on aller ? pourquoi emportent-ils des paquets ? Augereau, voyant notre sécurité, ne pouvait contenir sa rage ; il la fit éclater par un trait qui mérite d'être conservé. Le Tellier, domestique de Barthélemy, accourut au moment où l'on nous mettoit sur les chariots ; il étoit porteur d'un ordre du Directoire qui lui permettait de suivre son maître ; il remet cet ordre à Augereau qui lui dit après l'avoir lu : « Tu veux donc associer ton sort à celui des hommes qui sont » perdus pour jamais ; quels que soient les évènemens qui les attendent, sois sûr qu'ils n'en » reviendront pas. Mon parti est pris, répond » le Tellier : je suis trop heureux de partager les malheurs de mon maître. — Eh bien ! » va, fanatique, périr avec lui, réplique Augereau, en ajoutant : soldats, qu'on surveille » cet homme d'aussi près que ces scélé» rats ». Le Tellier se précipite aux genoux de son maître, trop heureux dans cet affreux moment, de serrer contre son cœur un tel ami. Cet homme a constamment montré le même dévouement et le même courage; nous l'avons toujours traité et considéré comme l'un de nos compagnons. Les quatre voitures dans lesquelles les seize prisonniers furent repartis, sans égard à la mauvaise santé et à la faiblesse de quelques-uns d'entr'eux, étaient sur des chariots ou fourgons sur quatre roues à-peu-près semblables aux voitures de transport de l'artillerie, des espèces de cages fermées des quatre côtés avec des barreaux de fer à hauteur d'appui qui nous meurtrissaient au moindre cahos; nous étions quatre dans chaque voiture, plus un gardien chargé de la clef du cadenas qui fermait la grille par laquelle on nous avait fait monter.

Le général Dutertre commandait l'escorte forte d'environ 600 hommes d'infanterie et cavalerie. Ils avaient avec eux deux pièces de canon. Pendant les apprêts et l'arrangement des voitures dans la cour du Temple, nous fûmes accablés d'outrages par un grouppe assez considérable d'anarchistes. Nous partîmes à deux heures du matin le 22 fructidor (8 septembre) par un tems affreux. Nous avions à traverser tout Paris, pour sortir par la barrière d'enfer, et prendre la route d'Orléans. Au lieu de suivre la rue Saint-Jacques, l'escorte détourna à droite après les ponts, et nous fit passer près du Luxembourg, où notre convoi funèbre fut arrêté plus de trois quarts-d'heure. Les appartemens étaient éclairés; nous entendîmes au milieu de la joie bruyante des gardes, appeler le commandant de notre escorte, l'affreux Dutertre, et lui recommander d'*avoir bien soin de ces messieurs*. Quelques membres trop connus de la minorité du Conseil des Cinq-Cents qui tenoient à l'Odéon la fameuse séance permanente, sortirent pour nous voir et nous insultèrent lâchement; ils se mêlaient avec les chasseurs de l'escorte; ils leur versaient à boire, et en s'approchant des charettes, ils portaient notre santé et nous parlaient de *grace et de clémence*. La nuit orageuse, la lumière des pots à feu qui brûlaient autour du théâtre de l'Odéon, et les hurlemens des terroristes, rendirent cette dernière scène, et ces horribles adieux dignes des barbares qui les avaient préparés. Enfin l'escorte défila par la rue d'Enfer et nous sortîmes de Paris.

Nous arrivâmes à deux heures à Arpajon, à huit lieues de Paris, très-fatigués, à cause de la route pavée. Barthélemy surtout, et Barbé-Marbois paraissaient épuisés. Nous fûmes surpris de voir qu'au lieu de nous donner un gîte commode où nous puissions réparer nos forces, le commandant Dutertre nous conduisit à une obscure et sale prison; il observait notre contenance au moment où l'on nous faisait descendre des voitures pour entrer dans une espèce de cachot: furieux de ce qu'aucun de nous ne paraissait affecté de tant de rigueurs: « ces scélé» rats, s'écria-t-il, ont l'air de me braver; » mais nous verrons si je viendrai à bout de » leur insolence ». J'étais déjà couché sur la paille avec plusieurs de mes compagnons: Barthélemy debout, élevait ses mains vers le ciel, lorsque Barbé-Marbois, qui étoit très-malade, arriva, et reculant d'horreur à la vue et à l'odeur méphitique du souterrain, dit à Dutertre : « Faites-moi fusiller sur-le-» champ, et épargnez-moi les horreurs de » l'agonie ». Celui-ci, en souriant, fit signe au geolier de faire sa charge. La femme du geolier dit alors à Marbois avec imprécation : tu fais bien le difficile, tant d'autres qui te valaient n'ont pas fait tant de cérémonies. En achevant ces mots, elle prit Marbois par le bras, le précipita du haut en bas ; et malgré nos cris et ceux du pauvre blessé, cette furie ferma la porte : nous relevâmes, dans les tenèbres notre malheureux ami tout sanglant, et nous ne pûmes obtenir pour lui ni la visite d'un chirurgien, ni aucun autre secours, pas même de l'eau pour laver ses plaies. Il avait le visage meurtri, et un os de la machoire fracassé.

Le 23 fructidor (9 septembre), nous traversâmes, à midi, la petite ville d'Etampes, (trop connue dans le cours de la révolution, par des émeutes d'anarchistes et par le meurtre d'un magistrat respectable). Dutertre fit faire halte au milieu de la place, et nous livra aux insultes de la populace, à laquelle on permit d'entourer les voitures. Nous fûmes hués, maudits et couverts de boue : nous demandâmes en vain qu'on avançât ou qu'on nous permît de descendre. Tronçon-Ducoudray, fort malade, s'était mis sur la même charette avec son ami Marbois, qui avait obtenu la faveur d'une botte de paille, à cause de sa blessure récente, et de la fièvre qui s'y était jointe. Le général Murinais, le directeur Barthélemy et Lafond-Ladebat s'étaient réunis à eux ; ces cinq personnes rapprochées par des opinions semblables, et par une même manière de voir les causes et les conséquences du 5 septembre, ne se séparèrent plus. Ducoudray se trouvait à Etampes, dans le département de Seine et Oise, dont il était le député, et précisément dans le canton, dont les habitans l'avaient porté à l'élection, avec le plus d'ardeur. Il ressentit vivement l'ingratitude et le lâche abandon de ces concitoyens ; se levant tout-à-coup, comme s'il eût été à la tribune : « c'est moi » même, leur dit-il, c'est votre représentant : » le reconnaissez-vous dans cette cage de fer? » C'est moi que vous aviez chargé de soutenir » vos droits, et c'est dans ma personne qu'ils » ont été violés ; je suis traîné au supplice » sans avoir été jugé, sans même avoir été » accusé; mon crime est d'avoir protégé votre » liberté, vos propriétés, d'avoir cherché à » procurer la paix à notre patrie, d'avoir » voulu vous rendre vos enfans ; mon crime » est d'avoir été fidèle à la constitution que » nous avions jurée. Pour prix de mon zèle » à vous servir, à vous défendre, vous vous » joignez aujourd'hui à mes bourreaux ». La harangue véhémente de Ducoudray, dont je ne rappelle ici que quelques traits, frappa de stupeur, mais pour quelques instans seulement, cette populace effrénée, parmi laquelle il n'y avait pas, sans doute, un seul véritable citoyen français. Elle ne tarda pas à recommencer ses outrages qui ne furent interrompus, qu'au moment qu'on nous apporta, pour dîner, du pain et du vin. Après trois heures d'exposition à cette espèce de pilori, nous partîmes pour aller coucher à Angerville à quatre lieues d'Orléans. Dutertre s'obstinait à nous entasser encore cette fois dans un cachot; l'adjudant-général Augereau (qu'il ne faut pas confondre avec le général de ce nom), touché de compassion, prit sur lui de nous faire loger dans une auberge : Dutertre, sur-le-champ, le fit arrêter, et reconduire à Paris.

Le 24 (10 septembre), nous arrivâmes de bonne heure à Orléans, où nous passâmes le reste de la journée et la nuit suivante dans une maison de réclusion, autrefois le couvent des Urselines; ici nous rencontrâmes quelques ames sensibles, et l'humanité trompa la vigilance de nos gardiens. L'on nous offrit des consolations dont la douceur n'est connue que de ceux qui les ont éprouvées au comble de l'infortune. Nous ne fûmes pas gardés par notre escorte, mais par la gendarmerie, dont le chef remplit son devoir avec honnêteté et générosité. Deux dames de la ville, ou plutôt deux anges, après avoir fait préparer d'avance dans la maison des Urselines tout ce qui pouvait nous être nécessaire, s'étaient déguisées sous des habits grossiers pour obtenir de nous servir. Elles nous offrirent des secours et de l'argent; nous les remerciâmes affectueusement; mais le souvenir de leur action généreuse, consigné dans nos cœurs, a souvent soutenu notre constance. Nous aurions pu nous évader à Orléans, non par le secours de

ces

ces généreuses dames, mais par celui d'autres personnes dont on chercherait vainement les noms et qui se dévouaient pour nous sauver ; nous écartâmes d'un commun accord cette proposition. Je ne sais par quel aveuglement la plupart d'entre nous et surtout les membres du Conseil-des-Anciens auraient cru dans ce moment manquer à leur caractère, s'ils eussent essayé de se soustraire à leur supplice.

Le 25 (10 septembre), on nous traîna d'Orléans à Blois. Nous apperçûmes en arrivant un rassemblement considérable de bateliers. Les voitures furent assaillies ; le capitaine Gautier qui commandait la cavalerie de l'escorte, repoussa les misérables qui conduisaient cette émeute ; nous remarquâmes dans le peuple des impressions bien différentes. Les voilà, criait-on, les voilà ces scélérats qui ont tué le roi ; voilà ses assassins ; ils nous ont accablés d'impôts, ils mangent notre pain ; ils sont la cause de la guerre. En un mot, toutes les injures que le peuple eût justement adressées aux tyrans, furent aveuglement prodiguées à leurs victimes. On nous logea dans une petite église très-humide, sur le pavé de laquelle on avait répandu un peu de paille ; il nous fut impossible d'y prendre aucun repos. Nous cherchâmes à connaître les motifs des mouvemens si contraires du peuple, et nous apprîmes que le fameux abbé Grégoire nous avait préparé cette douce réception, par ses lettres pastorales.

Le 26 (12 septembre), avant de quitter les prisons de Blois, nous fûmes témoins de l'entrevue et de la séparation cruelle de M. et madame de Marbois. Cette dame était dans sa terre auprès de Metz, lorsqu'elle apprit l'arrestation de son mari. Elle vola aussitôt à Paris, mais n'arriva qu'après notre départ. Elle suivit le convoi sans se donner le tems de demander au Directoire la permission de voir son mari à l'endroit où elle pourrait l'atteindre; le commissaire du pouvoir exécutif à Blois se servit de ce prétexte pour refuser sa demande. Elle fut aussi repoussée par le commandant Dutertre. Enfin quelques momens seulement avant notre départ, en montrant aux géoliers la permission qu'on lui avait donnée pour entrer au Temple, elle obtint celle de pénétrer dans notre prison; on ne lui donna qu'un quart-d'heure et un officier tenait sa montre à la main. Un peu avant que la dernière minute fût écoulée, Marbois recueillant ses forces, conduisit vers nous sa respectable compagne qui eut peine à reconnoître Barthélemy et Ducoudray, tant ils étaient déjà changés. Mes compagnons, nous dit-il, je vous présente madame de Marbois qui, au moment de se séparer de moi, veut aussi vous faire ses adieux. Nous l'entourâmes avec transport; elle nous souhaita, non du courage, mais de la force et de la santé. Comme elle fondait en larmes, partez, partez, lui dit Marbois avec fermeté, il en est tems. Il l'embrassa, l'emporta dans ses bras jusqu'à la porte de la prison qu'il ouvrit et referma lui-même, puis tomba évanoui sur le pavé. Nous volâmes à son secours. Mes amis, nous dit-il, dès qu'il eut repris ses sens, me voilà tout entier, j'ai retrouvé la source de mon courage. En effet, depuis ce moment, il fut moins abattu par la maladie ; il recouvra une partie de ses forces, et avec elles cette contenance ferme et cette sérénité compagnes du vrai courage. Les apprêts de notre départ de Blois furent si longs que nous eûmes lieu de craindre qu'on ne nous y fît séjourner. Nous apprîmes d'une manière singulière les motifs de ce retard. L'adjudant-général de notre escorte, Colin, bien connu par la part qu'il prit aux massacres du 2 septembre, et le nommé Guillet son digne camarade, entrèrent dans la prison vers dix heures, ils paraissaient fort émus. Messieurs, leur dit l'officier municipal de garde, qui depuis notre arrivée ne nous avait pas quittés, pourquoi tardez-vous à partir? tout est prêt depuis long-tems. La foule augmente, votre conduite est plus que suspecte, je vous ai vus et entendus l'un et l'autre ameuter le peuple et le pousser à commettre des violences sur la personne des déportés. Je vous déclare que s'il arrive quelqu'accident à leur sortie, je ferai consigner ma déposition sur le registre de la municipalité. Les deux coquins balbutièrent quelques excuses, nous fûmes accompagnés en sortant par les mêmes clameurs, imprécations et menaces avec lesquelles nous avions été reçus la veille.

Le 26 (12 septembre) nous couchâmes à Amboise dans une chambre si étroite, que nous n'avions pas assez d'espace pour nous étendre sur la paille : il nous tardait d'arriver à Tours pour y prendre quelque repos.

Nous y arrivâmes le 27 (13 septembre); cette ville venait récemment d'éprouver une commotion dans laquelle il y avait eu du sang répandu. Les anarchistes, long-tems comprimés, avaient saisi le prétexte de la prétendue conjuration du Corps-Législatif. Enhardis par les nouvelles mesures du gouvernement dont la force protectrice fut tout-à-coup enlevée aux gens de bien et confiée aux scélérats ; ceux-ci, non-contens de les opprimer, les avaient attaqués à main armée, et s'étaient baignés dans leur sang. Les autorités constituées venaient de subir ce que dans leur langage ces brigands appellent une épuration. Les places des vrais magistrats élus par le peuple étaient occupées par les mêmes hommes qui, pendant la guerre de la Vendée, s'étaient rendus fameux parmi les délateurs et les bourreaux.

Nous fûmes conduits à la prison de la Conciergerie occupée par la chaîne des galériens, et l'on nous mêla avec eux dans une cour entourée de loges ou cachots dans lesquels on les enfermait la nuit, et dont l'un nous était destiné. A peine nos conducteurs nous eurent quittés, que les galériens se retirèrent dans un coin d'un commun accord, et pendant qu'ils se tenaient à l'écart, avec une discrétion remarquable, l'un d'eux nous dit : » Messieurs, nous sommes bien fâchés de » vous voir ici ; nous ne sommes pas dignes » de vous approcher ; mais si dans le mal» heureux état où nous sommes réduits, il y » a quelques services que nous puissions

» vous rendre, daignez les accepter. Le cachot
» que l'on vous a préparé est le plus froid et le
» plus étroit de tous; nous vous prions de pren-
» dre le nôtre, il est plus grand et moins hu-
» mide». Nous remerciâmes ces malheureux,
et nous acceptâmes cette étrange hospitalité
offert par des mains souillées de crimes,
mais par des cœurs qui n'étoient pas totalement fermés à la pitié. Il y avait plus de
trente heures que nous n'avions mangé, lorsqu'on nous apporta à chacun une livre de
pain, et une demi-bouteille de vin, ration
à laquelle nous étions réduits.

Le 28 (14 septembre), nous arrivâmes à Saint-Maure. Notre escorte était très-fatiguée, car nous doublions les marches ordinaires des troupes et nous ne faisions aucun séjour ; on avait renouvelé l'infanterie dans les garnisons. Mais la cavalerie était excédée. Dutertre trouvant ici une colonne mobile de la garde nationale composée de paysans, nous confia à leur garde pour mieux raffraîchir sa troupe, et rendit la municipalité responsable de nos personnes. Que les citoyens de Saint-Maure trouvent ici le souvenir de la reconnoissance de leurs soins compatissans ! Ils nous procurèrent de bons alimens dont nous avions un extrême besoin. Nous étions moins étroitement gardés, et telle était la négligence ou la bienveillance de ces bons paysans, dont la plupart n'étaient armée que de piques, que nous pouvions aller jusque sur la chaussée, sans être suivis ni observés par les sentinelles. Nous n'étions qu'à une portée de fusil de la forêt. Quelques-uns proposèrent de profiter d'une occasion si propice, et je fus de cet avis. Je n'aurais pas voulu abandonner un seul de mes compagnons d'infortune, mais je desirais vivement qu'ils se décidassent à s'échapper. Malheureusement ils ne purent s'accorder. Tous les membres du Conseil des Cinq-Cents voulaient s'évader, tous ceux du Conseil des Anciens s'obstinaient à rester. Il n'était pas possible, disaient ceux-ci, que la nation n'ouvrît les yeux, et qu'on ne finît par leur accorder des juges. Eh! n'êtes-vous pas jugés, condamnés, abandonnés, répondaient leurs collègues? Profitez d'un moment qui ne reviendra peut-être jamais. Villot qui connaissait le pays pour y avoir fait la guerre, insistait vivement et s'offrait à nous conduire. Marbois déclara qu'il aimait mieux subir son sort, que de donner des armes contre lui. Tronçon-Ducoudrai dit positivement qu'il croyait devoir à sa patrie et à ses commettans, tout ingrats qu'ils étaient, de conserver son caractère, et d'attendre dans les fers le moment de sa justification. Quant aux agens du roi, ils ne doutaient point d'être dégagés par un parti royaliste avant d'être parvenus à Rochefort, et l'abbé Brottier plaignait de tout son cœur nous autres constitutionnels, de ce que nous serions fort mal reçus, et peut-être hachés par les Vendéens.

Les anciens l'emportèrent, le jour parut, et nous fit revoir nos cages de fer et le cerbère Dutertre. Nous partîmes et nous marchâmes long-tems à travers cette forêt profonde qui aurait si bien pu nous servir d'asile et protéger notre fuite. Les chemins étaient si mauvais, et les cahos si durs que nous demandâmes, mais en vain, la permission de marcher à pied au milieu de l'escorte; dès que nous étions entrés dans les chariots, et que les cadenas des grilles étaient fermés, on ne les ouvrait plus que le soir. Pichegru et moi, jeunes encore et endurcis aux fatigues de la guerre, nous ne soutenions celle-ci qu'avec peine; nos vieillards, et nos trois malades, Marbois, Barthélemy et Ducoudray, souffraient des douleurs inexprimables. Notre arrivée était plus cruelle encore; chaque soir nous étions donnés en spectacle au peuple, puis renfermés dans des prisons où nous étions plus mal couchés, plus mal nourris, que les plus vils criminels.

Celle de Chatellerault où nous arrivâmes le 29 (15 septembre), nous parut plus mauvaise que toutes celles que nous avions occupées jusque-là. On nous enferma dans un cachot tellement infect, que plusieurs d'entre nous tombèrent évanouis, et nous y aurions tous été étouffés, si l'on n'eût promptement rouvert la porte où l'on plaça des sentinelles qui nous gardèrent à vue. Marbois était fort mal, et Ducoudray qui le soignait, était assis sur la paille auprès de lui, lorsqu'un malheureux qui subissait depuis trois ans la peine des fers, vint nous visiter dans notre cachot. Il s'empressa de nous apporter de l'eau fraîche, et il offrit son lit à Marbois, qui l'accepta, et se trouva un peu mieux après ce repos. « Prenez patience, messieurs, nous » disoit cet homme, on finit par s'accoutumer » à tout ».

Le 30 (16 septembre), nous ne fûmes guère mieux traités à Poitiers, quoique quelques personnes que la prudence m'empêche de nommer, s'efforçassent de nous donner des témoignages de sensibilité ; c'était la patrie du député Thibaudeau, membre du Conseil des Cinq-Cents, qui, se voyant excepté de la liste de proscription, eut le courage et la générosité de réclamer l'honneur de la déportation.

Le 17 septembre, nous arrivâmes à Lusignan. La prison de ce petit bourg se trouvant trop étroite pour nous contenir tous les seize, Dutertre donna ordre de nous faire coucher dans les charettes, au milieu de la place, malgré la forte pluie et le vent froid que nous avions endurés toute la journée. Le maire et le commandant de la garde nationale, vieillard très-humain, demandèrent à répondre de nous, et obtinrent, avec beaucoup de peine, de nous faire loger dans une auberge ; à peine y étions-nous établis que nous vîmes arriver un courier. Chacun forma ses conjectures, quelques-uns conçurent subitement des espérances, et tous crurent à de nouveaux évènemens. Nous fûmes bientôt informés du peu d'importance de celui-ci. C'était simplement un ordre du Directoire à l'adjudant-général Guillet, de faire arrêter et conduire à Paris son général Dutertre, à cause des concussions et des friponneries qu'il avait commises depuis notre départ. On trouva sur lui les huit cents louis d'or qu'il avait reçus pour la dépense du convoi, à laquelle il subvenait par des réquisitions adressées aux municipalités.

J'eus quelque plaisir, je l'avoue, à voir ce misérable frappé lui-même par ses maîtres avant qu'il eût achevé la mission dont ils l'avaient chargé, et qu'il remplissait si bien; j'entendis approcher la voiture qui lui était destinée, et je voulus à mon tour voir sa contenance; ma curiosité pensa me coûter cher; comme j'ouvrais la fenêtre, une sentinelle extérieure, exécutant apparemment une ancienne consigne de Dutertre, fit feu sur moi, et la balle brisa le barreau au-dessus de ma tête. J'ai dit que l'arrestation de Dutertre était pour nous un évènement de peu d'importance, parce que l'adjudant-général Guillet, qui le remplaça, ne valait pas mieux que lui; il nous le prouva le lendemain, 18 septembre, à Saint-Maixent, en faisant arrêter devant nous le maire, qui, touché de notre déplorable situation, nous avait dit avec sensibilité : « Messieurs, » je prends beaucoup de part à vos malheurs, » et tous les bons citoyens partagent mes » sentimens ». Cet acte de violence produisit tant de mécontentement et de murmures, que Guillet fut obligé de faire rendre la liberté à ce brave homme. Ce fut dans ce même endroit qu'on prit notre signalement. Un officier de l'état-major nous appeloit deux à deux, nous interrogeait, et dictait le signalement au brigand Cordebar, le même qui fut jugé à Vendôme avec Babœuf. Il faisait, auprès du commandant de l'escorte, les fonctions de secrétaire. Il n'est point d'insolences et de grossières injures que ces misérables ne nous adressassent. Et toi, me dit l'un d'eux, quel métier fais-tu? Celui que les scélérats tels que toi ont déshonoré, le métier de soldat. Nous n'avions encore aucune information du sort qui nous était destiné, aucune lumière sur le terme de notre voyage, nous ne connaissions notre proscription, que par les crieurs du Temple. La prétendue loi du 19 fructidor (6 septembre), ne nous avait pas été officiellement communiquée. Desirant vivement de lire les papiers publics, en arrivant à Niort, le 19 septembre, nous les demandâmes avec beaucoup d'empressement. Nous étions dans la basse-fosse du château, cachot obscur et humide, à plus de vingt-cinq pieds au-dessous du niveau de la terre. L'officier municipal qui était de garde auprès de nous, nous promit de nous remettre le lendemain toutes les feuilles nouvelles qu'il pourrait recueillir; mais l'ex-conventionnel le Cointre-Puiraveaux, l'un des plus vils instrumens du parti anarchique, et qui remplissait là les fonctions de commissaire du pouvoir exécutif, défendit, sous les peines les plus fortes, toute espèce de communication avec les déportés. Pour cette fois, aucun de nous n'échappa à l'effet de l'humidité du cachot; nous en sortîmes le lendemain 20 septembre, presqu'entièrement perclus, pour aller coucher à Surgères, qui est le point de division des routes de la Rochelle et de Rochefort. Le mouvement que nous remarquâmes autour de nous, les allées et venues des courriers, la précaution extraordinaire de poser des sentinelles dans l'intérieur de notre cachot, tout nous fit pressentir que nous touchions au terme de notre voyage. Nous espérions pouvoir enfin nous reposer pendant quelques jours, et recevoir les effets et secours de tout genre que la précipitation de notre départ ne nous avait pas permis d'emporter avec nous. Nous nous flattions même, qu'après avoir écarté des hommes que l'estime publique faisait paraître redoutables, les Directeurs, rassurés par la stupeur de la nation, n'exerceraient pas sur nous d'inutiles rigueurs, qui ne pourraient qu'accroître la haine générale dont ils étaient l'objet. Nous nous trompions, et les hommes honnêtes se tromperont toujours, lorsqu'ils voudront calculer la marche des scélérats et les divers degrés du crime.

Le 21 septembre, nous partîmes de Surgères à trois heures du matin, et après avoir passé par des chemins affreux, où durant neuf mortelles lieues, nous fûmes froissés de toutes les manières; nous arrivâmes à trois heures après-midi à la vue de Rochefort. Au lieu d'entrer dans la ville, comme nous l'espérions, le convoi défila sur les glacis, et tournant autour de la place, se dirigea vers le port. Ce moment fut affreux. Nous n'apperçûmes que trop clairement que notre sort était décidé, et que nous allions être séparés, peut-être pour jamais, de tout ce qui attache les hommes à la vie. Les plus funestes présages nous environnaient. La garnison de Rochefort borda la haie sur la chaussée que nous suivions. Une foule de matelots faisait retentir l'air du cri sinistre: *à l'eau, à l'eau!* C'est ainsi que nous arrivâmes au bord de la Charente. Les nombreux ouvriers des chantiers, les soldats de la garnison et les matelots accoururent au rivage, et se pressant autour des charrettes et de notre escorte, ils répétaient à grands cris : *à bas les tyrans, faites-les boire à la grande tasse.*

Tels furent pour nous les adieux de nos concitoyens. Un adjudant, ou commissaire de la marine, nommé la Coste, dont je crus reconnaître la figure balafrée, fit l'appel des déportés, et nous reçut des mains du commandant de l'escorte, Guillet.

A mesure que nous descendions de dessus les charrettes, le commissaire la Coste nous faisait passer dans un canot. Il trouva M. de Marbois dans un si mauvais état, qu'il se refusa d'abord à le faire embarquer, assurant qu'il était mourant, et ne pourrait supporter deux jours de navigation. Guillet se mit en fureur, menaça la Coste de le faire arrêter, jura qu'il le dénoncerait et le ferait destituer. Marbois fut porté dans le canot; Guillet s'embarqua lui-même avec nous.

On nous mena a bord d'un bâtiment à deux mats, qui était mouillé vers le milieu de la rivière. C'était le Brillant, petit corsaire pris sur les Anglais; quelques soldats de fort mauvaise mine nous firent descendre assez rudement dans l'entrepont, nous poussèrent et nous entassèrent vers l'avant du bâtiment, où nous étions presque étouffés par la fumée de la cuisine. Nous souffrions de faim et de soif; nous n'avions ni mangé, ni bu depuis trente-six heures. On apporta au milieu de nous un seau d'eau, et on jeta à côté, avec le geste du dernier mépris, deux pains de munition; mais il nous fut impossible de manger à cause de la fumée et de la position très-gênée où nous étions. Les sentinelles qui nous resserraient de plus en plus, tenaient d'horribles propos. Pichegru ayant relevé l'insolence du soldat placé au milieu de nous: « Tu feras bien de te taire, répondit-il au » général, tu n'es pas encore sorti de nos » mains ». C'était un enfant de quinze à seize ans.

Nous dûmes croire que le lieu désigné pour notre déportation n'était autre que le lit de la *Charente*, et que nous nous trouvions déjà dans un de ces terribles instrumens de supplice, un de ces bâtimens à soupape inventés pour assouvir la soif des tyrans, et pour frapper de mort dans les ténèbres, autant de victimes, et aussi rapidement que leur pensée et leur volonté en pourraient atteindre. La nuit survint : quelle nuit! nous écoutions, nous attendions l'heure fatale, et quand les matelots commencèrent à manœuvrer, nous ne doutâmes pas qu'elle ne fût arrivée. Le Brillant avait mis à la voile, nous descendions la rivière et nous étions contrariés par la marée ; à onze heures du soir le bâtiment mouilla dans la grande rade : peu d'instans après qu'on eut jeté l'ancre, on appela six d'entre nous seulement qu'on fit monter sur le pont. Ce moment fut affreux! Je ne fus pas du nombre de ceux qui furent appelés les premiers; nous dîmes adieu à nos compagnons. Cet appel successif, la joie féroce des soldats et de l'équipage, la présence de Guillet, nous persuadèrent qu'ils allaient à la mort. Nous restâmes près d'une demi-heure dans cette cruelle position, dans le silence du recueillement et de la résignation.

Nous fûmes appelés à notre tour, il en resta encore quatre. Aubry, Bourdon, Dossonville et Willot, éprouvèrent cette dernière angoisse, cette prolongation de supplice; enfin, contre notre attente, nous nous trouvâmes tous réunis à bord de la corvette la Vaillante, commandée par le capitaine Jullien, qui, en nous recevant, nous engagea à prendre patience, et nous assura qu'en exécutant exactement les ordres du Directoire, il ne négligerait rien de ce qui pourrait adoucir notre sort. Le commandant Guillet nous suivit à bord de la Vaillante, et s'appercevant de l'impression que nous faisait sa présence : « Oui, messieurs, dit-il, *je suis » encore ici* ».

On nous fit descendre dans l'entre-pont. « Veut-on nous faire mourir de faim », s'écria le malheureux Dossonville, celui d'entre nous, qui souffrait le plus cruellement du manque d'alimens. « Non, non, messieurs », dit en riant un officier de la corvette (des Poyes, ancien officier de la marine royale), » on va vous servir à souper ». Donnez-moi seulement quelques fruits, dit Marbois presqu'expirant. — Un instant après on nous jeta de dessus le pont, deux pains de munition. Ce fut le souper promis, et quelque frugal qu'il fût pour des malheureux qui n'avaient pas mangé depuis quarante heures, nous l'avons souvent regretté : ce fut la dernière fois qu'on nous donna du pain!

Cette dernière translation sur un bâtiment de guerre; le mouvement de l'équipage qui se préparait à appareiller, l'accueil du capitaine, l'humanité qui perçait dans ses discours, malgré la sévérité de sa contenance, et son ton ferme vis-à-vis de ces matelots, tout concourait à nous rassurer, à nous persuader du moins, que nous n'étions pas destinés à une mort prochaine. — Quand, tout-à-coup le capitaine Julien, qui, l'instant d'auparavant s'entretenait avec Guillet au bord de l'écoutille, descend dans l'entre-pont, suivi de quelques soldats armés. Il distribue des hamacs à onze seulement d'entre nous qu'il appelle. Les quatre qui n'en reçurent point, furent Willot, Pichegru, Dossonville et moi. Nous nous trouvâmes séparés de nos compagnons, par la garde qui suivait le capitaine Julien; celui-ci nous ordonna de descendre dans la fosse aux lions, en nous disant : « Pour vous quatre, messieurs, voilà » le logement qui vous est destiné ».

Ce coup inattendu sembla frapper à-la-fois nos douze compagnons, qui ne voulant pas se séparer de nous, demandèrent à être traités avec la même barbarie : Tronçon-Ducoudray, et Barbé-Marbois éclatèrent, et insistèrent vivement : Barthélemy et son fidèle Letellier, nous voyant entraîner par les soldats dans la fosse aux lions, courent à l'écoutille et s'y précipitent avec nous; le capitaine les menaça de les faire remonter à coups de baïonnettes; ils ne cédèrent point à ses menaces, mais seulement à nos instances.

Nous restâmes tous les quatre dans les plus épaisses ténèbres, dans cet affreux cachot infecté par les exhalaisons de la cale et par les cables, n'ayant ni hamacs, ni couverture, ni de quoi reposer notre tête et ne pouvant nous tenir debout.

Les douze autres furent aussi très-resserrés dans l'entre-pont au-dessus de nous, les écoutilles fermées, et comme nous, privés d'air, de mouvement et des secours les plus nécessaires.

La corvette mit à la voile à quatre heures du matin, nous nous en apperçûmes aux cris de l'équipage, et bientôt après au mouvement des vagues.

Le 22 septembre, à huit heures du matin, on ouvrit une écoutille; nous entendîmes sonner la cloche pour le déjeûner de l'équipage; on nous jeta par les écoutilles un biscuit pour chacun de nous.

Nos compagnons firent appeler le capitaine qui se présenta au bord de l'écoutille; Marbois porta la parole. « Déportés, qu'est-» ce que vous me voulez, dit le capitaine? » Vous observer que le biscuit qu'on vient » de nous distribuer est une nourriture à la-» quelle aucun de nous n'est accoutumé : » nous avons des vieillards qui ne peuvent » le mâcher, et celui-ci est tellement pourri, » que votre équipage ne le recevrait point. » Nous demandons que vous nous donniez » connaissance des ordres qui vous ont été

donnés

» donnés par rapport à nous. — Déportés, » je n'ai point d'autre biscuit à vous faire » distribuer, c'est la nourriture que je dois » vous donner ; recevez ce qu'on vous donne, » et estimez-vous heureux que je n'exécute » pas plus rigoureusement les ordres que j'ai » reçus. Il est bien étonnant que dans la » position où vous êtes, vous me parliez » d'exiger l'exhibition de mes ordres. Je n'ai » rien à vous communiquer. Moi, qui ai » fait plusieurs voyages de long cours, ré- » pliqua Marbois, je dois vous prévenir que » si vous nous tenez ainsi resserrés, privés » de l'air extérieur et des précautions indis- » pensables pour ne pas empoisonner nous- » mêmes celui que nous respirons, non- » seulement vous nous ferez périr en très- » peu de jours, mais vous mettrez la peste » dans votre bâtiment, et vous perdrez votre » équipage. — Eh bien, dit le capitaine en » se retirant, je verrai ce que je pourrai » faire, quand nous aurons perdu de vue » les côtes de France ».

A midi on nous apporta encore un biscuit pour chacun, et on mit au milieu de nous un baquet rempli de *gourganes*, espèce de grosses fèves cuites à l'eau, sans le moindre assaisonnement. Ainsi fut reglée la ration, la seule nourriture qui nous ait été distribuée pendant tout le voyage. Deux mousses étaient chargés de cette distribution. Celui qui servait nos compagnons se nommait Aristide : c'était un fort joli et fort bon enfant ; le nôtre, au contraire, était laid et méchant. Le caractère de ces enfans, les seuls individus qui pussent communiquer avec nous, importaît à notre sort. Aristide eut beaucoup de part aux rares consolations que nous éprouvâmes... Ce bon petit Aristide !

Tel fut notre établissement sur ce cercueil flottant, qui nous arrachait à la France, et nous portait sur une terre inconnue.

A peine fûmes-nous à la haute mer, que les vents devinrent contraires et la tempête si violente, que le capitaine fut obligé de relâcher dans la rade de la Rochelle, où la corvette mouilla avant la nuit.

Le lendemain, 23 septembre, vers onze heures du matin, l'amiral Martin, malgré le gros tems se rendit à bord de la corvette, amenant avec lui le capitaine Laporte, qui venait par ordre du Directoire remplacer Jullien. Nous n'apprîmes cet évènement qu'en écoutant la proclamation de l'amiral Martin, qui faisait reconnaître par l'équipage son nouveau capitaine.

Bientôt après, celui-ci s'annonça de manière à nous prouver que sous la férule du capitaine Jullien, nous n'étions pourtant pas encore arrivés au dernier degré du malheur. Nous l'entendîmes avec un organe dur et sonore comme un porte-voix, haranguer ainsi l'équipage. « Soldats, je vous ordonne » de veiller de près sur ces grands coupables : » et vous, matelots, je vous défends, sous » peine de mort, de communiquer de quelque » manière que ce soit avec ces scélérats ». Il fit ensuite sa ronde, fit faire l'appel, et après nous avoir bien examinés, il nous dit : « Messieurs, vous êtes bien heureux d'avoir été » traités avec tant de *clémence* ».

Les vents étaient contraires, la mer très-houleuse. Vers les trois heures de ce même jour (23 septembre), un bateau parti de la Rochelle, approcha de la corvette à force de rames. On le héla, il répondit qu'il apportait les effets appartenans aux déportés. Le capitaine la Porte lui défendit d'approcher, et le menaça de le faire couler bas. Le bâteau était déjà dessous la poupe de la Vaillante. Le fils de Lafond-Ladebat se nomma et supplia qu'on lui permît de voir son père et de lui remettre quelques vêtemens. Le capitaine fut inflexible aux gémissemens du malheureux père, qui, reconnaissant la voix de son fils, hurlait de rage, et se débattait dans l'entre-pont. Il fut inflexible aux larmes, aux cris de ce jeune homme qui se désespérait et qui suppliait à genoux qu'on lui permît pour une seule fois, pour la dernière fois.... d'embrasser son père : « Non, » non, criait la Porte, éloigne-toi sur-le-» champ ou je te fais couler bas ». Il permit seulement au jeune Lafond de remettre aux matelots le porte-manteau qu'il apportait, et fit repousser au large le canot et ce pieux enfant qui peut-être ne devoit plus revoir son père.

Une heure après cette scène déchirante, le capitaine appareilla malgré la tempête, en hasardant tous les dangers de la navigation du golfe de Biscaye pendant l'équinoxe, pour nous les faire courir, et sans doute espérant à ce prix échapper à la rencontre des Anglais. Nous quittâmes donc pour la seconde fois les côtes de France le 23 septembre à cinq heures du soir. La nuit fut très-orageuse, nous fûmes au moment de périr en doublant les récifs du Pertuis d'Antioche, et le lendemain 24 septembre, le capitaine fut forcé de relâcher encore une fois et de mouiller près de l'ouverture de la rivière de Bordeaux dans la rade de Blaye.

Je ne puis rapporter aucun détail nautique, ni rien ajouter à ce que j'ai dit plus haut sur notre situation pendant les premiers jours : malgré l'état de la maladie que le mouvement de la mer causait à la plupart d'entre nous, nous n'avions pas encore obtenu de monter sur le pont, et les écoutilles étant fermées à cause du gros tems, nous étions dans un état d'agonie.

Le 25, nous remîmes à la voile, les vents avaient un peu molli : ce ne fut cependant que quatre jours après, c'est-à-dire, le 29 septembre qu'il nous fut permis de monter sur le pont pendant une heure. Une moitié des déportés était appelée à quatre heures et l'autre à cinq. Pendant ces deux heures la garnison du vaisseau était sous les armes, les déportés ne pouvaient marcher que sur le passavent entre les deux mats : il leur était défendu de parler, comme aussi à tous les individus de l'quipage de leur adresser la parole.

Le détachement qu'on avait mis à bord la corvette la Vaillante pour nous garder, était pour la plus grande partie composée des soldats de la marine, qui avaient été renvoyés des Isles de France et de Bourbon par M. de Circey avec les commissaires du

Directoire chargés d'apporter à ces colonies les décrets qui avaient désorganisé et détruit les établissemens français aux Antilles. Ces hommes avaient été autrefois choisis dans les bandes révolutionnaires du comité de Nantes, si fameux dans les annales de la terreur, par les massacres et les noyades des prêtres condamnés à la déportation. Nous les entendions se raconter leurs exploits, l'un se vantait d'avoir assassiné son capitaine par derrière, pendant une marche, et de l'avoir jeté dans un fossé parce qu'il le soupçonnait d'être aristocrate; l'autre rapportait froidement le nombre des prêtres qu'il avait noyés dans la Loire; un troisième expliquait à ses camarades comment se faisaient les noyades, et les grimaces des infortunés au moment où ils étaient submergés : plusieurs se vantaient d'avoir assommé à coups de rame ceux qui après avoir passé par la soupape, cherchaient à se sauver à la nage. Ils avouaient qu'on avait bien fait de les renvoyer de l'île de Bourbon, car ils l'auraient, disaient-ils, mise à *la hauteur de la révolution*.

Quand ces monstres suspendaient un moment ces horribles conversations, c'était pour chanter des chansons dégoûtantes. Ils choisissaient l'instant de notre repos, et se plaçant tous à l'écoutille de l'entre-pont, à notre oreille ils hurlaient des obscénités, des blasphêmes, des chants de cannibales. Si nous leur demandions grace, ils nous accablaient d'injures et reprenaient le chœur infernal.

Lorsqu'au huitième jour de notre navigation on voulut bien nous laisser respirer, pendant une heure chaque jour. trois seulement d'entre nous, Tronçon-Ducoudray, Pichegru et la Villeheurnois furent en état de profiter de cette permission : tous les autres n'avaient pas assez de force pour sortir de l'entre-pont. Je fus moi-même vingt-huit jours sans pouvoir sortir de la fosse aux Lions. Le vieux général Murinais ayant voulu faire un effort pour se hisser, manqua de forces et tomba au fond de la cale de toute la hauteur du bâtiment. Nous accourûmes à son secours, nous le crûmes tué ; quelques matelots se jetèrent dans la cale, en se faisant glisser par la corde, et nous aidaient à relever notre pauvre doyen. Il était sans mouvement, son visage était meurtri, ses cheveux blancs ensanglantés.... Le féroce capitaine accourt au bord de l'écoutille, et crie d'une voix forte : « Matelots, vous connaissez l'ordre qui vous défend de communiquer avec les déportés. Retirez-vous, » et qu'on fasse donner un verre d'eau à ce » malade ».

Le capitaine la Porte n'oublia aucun des tourmens qui pouvaient nous faire succomber. Ce fut par une recherche de barbarie, qu'il ne voulut jamais nous faire donner une échelle pour grimper sur le pont, de manière qu'étant obligés de nous hisser par une corde dans le vide des écoutilles, ceux d'entre nous qui étaient trop affaiblis, ceux-là même à qui le renouvellement d'air était le plus nécessaire, n'en pouvaient profiter.

On nous refusait les plus vils secours, les

ustensiles les plus indispensables. Nous quatre prisonniers de la fosse aux Lions demandâmes au moins un peu de paille, ou quelque moyen de nous défendre des meurtrissures dans le roulis du bâtiment. « Ils se moquent » de moi, s'écriait le capitaine, le plancher » est trop doux pour ces brigands, je vou- » drois pouvoir faire paver la place qu'ils » occupent ».

Nos compagnons firent observer au capitaine, par le bon petit mousse Aristide, qu'ils n'avaient point de cuillers, ni de tasses, ni d'écuelles pour séparer les portions ; il répondit : « Qu'est-il besoin de cuillers pour » manger des gourganes et du biscuit ? ces » gueux-là n'ont-ils pas leurs doigts, et ne » savent-ils pas boire au baquet ? D'ailleurs, » ajouta-t-il, qu'ils cessent de me fatiguer ; » ils doivent comprendre que dans la po- » sition où ils sont, toutes ces recherches » sont fort inutiles ».

Le quatorzième jour de notre navigation, le manque d'air et d'alimens avoit réduit le plus grand nombre d'entre nous à la dernière extrémité. Le chirurgien ne nous avait donné dans ses courtes visites, d'autre consolation que de nous dire que nous ne souffrions que du mal de mer, et que quant au scorbut nous trouverions de quoi nous guérir ; que la *Guiane* abondoit en tortues ».

Pichegru étoit le seul des quatre prisonniers de la fosse aux lions, qui ne fût pas attaqué du mal de mer ; mais il souffrait d'autant plus de la faim : il avait des accès de rage; cependant comme il avait conservé plus de force, il soignoit ses camarades.

Le 4 octobre, à 7 heures du matin, on avait ouvert les écoutilles pour aérer le bâtiment : un jour un peu plus clair que de coutume pénétrait dans la fosse : nous luttions contre la mort; nos regards éteints pouvaient à peine exprimer nos mutuels adieux; lorsque tout-à-coup le commandant de la garnison du vaisseau, le brave capitaine Hurto, que nous n'avions remarqué que par la décence de ses manières à notre égard, saute dans la cale, tombe au milieu de nous, et se blesse à la jambe. « Messieurs, » nous dit-il, tout troublé, ne me perdez » pas, ne me perdez pas, je ne puis tenir à » tant d'horreurs. Voilà du thé et du sucre, » maître Dominique va vous apporter de » l'eau chaude: entendez-vous, maître Dominique. Vous pouvez vous fier à lui; au » moins ne me perdez pas. J'ai besoin de » mon état pour nourrir ma famille, ma pau- » vre femme! » Il articulait à peine, les sanglots l'étouffaient : « Ah! ciel, moi! moi! — Il » faut que j'exécute de telles horreurs! » Ce furent les dernieres paroles que nous entendîmes, il disparut.

Bientôt après, maître Dominique nous apporta de l'eau chaude et une écuelle. Ce breuvage fut pour nous la manne céleste; il nous rendit à la vie. Mais ce qui nous ranima davantage, ce qui rouvrit nos cœurs, ce fut cet acte d'humanité inattendu, cette preuve que la providence ne nous avoit point abandonnés et qu'il y avoit quelques anges de consolation, au milieu des démons auxquels nous étions livrés.

Le 7 octobre, nous nous trouvions à la vue des côtes d'Espagne; Marbois l'avait remarqué, il avait appris par un matelot qui lui avait vendu furtivement du pain de maïs, que nous étions vis-à-vis la baie de Saint-Andero, et que des gens de la côte, sur laquelle nous courions des bords, avaient apporté quelques rafraîchissemens. Il pensa qu'il fallait faire une dernière tentative auprès du capitaine, que c'était la dernière occasion de nous procurer des vivres frais, et que peut-être son avarice l'emportant sur sa barbarie, il permettrait qu'on allât à terre acheter pour notre compte, tout ce dont nous manquions. Marbois rédigea donc une lettre qui fut portée au capitaine par le fidèle Aristide. En voici le précis :

» N'ayant point été prévenus de notre
» embarquement pour un si long voyage,
» nous n'avons pu faire aucune provision ;
» vous ne nous avez pas donné connaissance
» des ordres et des instructions que vous
» avez reçus, pour ce qui concerne notre
» traitement à votre bord. Il n'est pas pos-
» sible que vous ayez l'ordre de nous faire
» mourir de faim ; et nous devons croire que
» les barbaries que vous exercez envers nous,
» sont un abus de votre autorité. Songez que
» vous pourrez vous en repentir un jour ; que
» notre sang pesera sur votre tête, et que
» c'est peut-être à la France entière, mais
» certainement à nos familles, à nos frères

» et à nos fils que vous aurez à rendre compte
» de l'existence des hommes que le sort a
» mis dans vos mains.

» Nous demandons qu'avant de quitter
» les côtes d'Espagne et le travers de la
» baie de Saint - Andero, vous envoyiez
» un canot à terre pour faire à nos frais
» les provisions qui nous sont indispen-
» sables ».

Le capitaine la Porte répondit : « Je n'ai
» point de vengeance à redouter. Je n'en-
» verrai point à terre; je ne changerai
» rien aux ordres que j'ai donnés; et je ferai
» sangler des coups de garcettes au premier
» qui m'ennuiera par ses représentations ».

Le 9 octobre, au matin, nous apprîmes par le mousse Aristide, que nous venions enfin de doubler le cap Ortigal; et le soir du même jour, Pichegru descendant de dessus le pont, nous dit qu'on avait perdu de vue les côtes d'Europe, et que nous faisions route au nord avec bon vent. La corvette la Vaillante est très-bonne marcheuse, et filait jusqu'à douze nœuds, quand il ventait *bon frais*. Je dois placer ici une singularité qui n'a de remarquable que le malheureux à propos : c'est que Willot, commandant alors à Bayonne, où cette corvette avait été construite, en avait été le parrain, et se trouvait enchaîné sur la même quille qu'il avait de sa main détachée du berceau.

Dès les premiers jours qu'il nous fut permis de nous promener sur le pont, nos regards cherchaient à pénétrer les dispositions des gens de l'équipage. Nous nous étions apperçus que maître Dominique, celui dont j'ai parlé plus haut, et qui était le premier maître d'équipage, âgé d'environ soixante ans, paraissait ému lorsque quelqu'un de nous sortait comme un spectre de ce tombeau. Jamais il ne nous fixait sans être attendri. Nous l'avons vu plusieurs fois, assis au pied du grand mât, versant de grosses larmes pendant notre promenade. Nous apprîmes, par le capitaine Hurto, que c'était maître Dominique qui, lorsqu'il était de service pendant la nuit, jetait dans la cale des morceaux de pain et de fromage; quoique n'ayant presque plus de dents, il se privait de sa ration de pain pour nous la donner. La première fois qu'il nous apporta de l'eau chaude, sous prétexte d'aller nétoyer la pompe, nous nous empressâmes de lui témoigner notre reconnaissance : cet homme dont le ton était sévère, même brutal envers les matelots, ce brave homme tomba presqu'évanoui dans nos bras : « Ah! messieurs, » nous dit-il, ce voyage me coûtera la vie, » parce qu'il faut que je renferme mon » chagrin ».

Dominique était sans cesse occupé de nous procurer quelqu'adoucissement. Il avait bien de la peine à tromper la vigilance du capitaine : c'était Aristide qui faisait ses commissions auprès de nous, et quand il n'était pas content de son exactitude et de son intelligence, il battait ce pauvre petit; nous avions le chagrin de l'entendre pleurer, et l'inquiétude que cela ne fît découvrir Dominique : les soldats qui remarquaient les fréquentes visites d'Aristide, lui reprochaient les soins qu'il nous donnait et le battaient aussi. Mais l'excellent enfant ne disait rien et ne se plaignait jamais.

Dominique parvint à acheter pour nous quelquefois du pain et du vin : on lui vendait pour nous la livre de pain quatre francs et autant le verre de vin.

Un jour il étoit tout joyeux, il prévint M. de Marbois qu'il voulait nous donner à souper, et que nous ne devions pas manger les fèves de la distribution; en effet, à minuit, il nous envoya un derrière de cochon rôti, avec un pain et du vin; c'était sûrement la provision particulière, la dernière ressource du bon Dominique.

Son active humanité trahit son secret, il fut découvert par le capitaine, qui, devant tout l'équipage, lui demanda compte de sa conduite, le menaça des fers et de la mort: nous entendions cette scène. Dominique ne démentit point son caractère, il avoua tout: « Je regrette, dit-il fermement, de n'avoir » pu offrir davantage à ces messieurs; je » voudrais les soulager au prix de mon sang, » faites-moi fusiller tout de suite, que vous » faut-il de plus? faites-moi fusiller ». Le capitaine resta muet, le lieutenant Dubourg prit le parti de Dominique, le second maître Chœpuiset avait partagé ses honorables torts, peut-être que la Porte n'était pas aussi sûr de son équipage que des soldats de sa garnison. Dominique s'était chargé de plusieurs lettres pour nos familles; elles ont été fidèlement remises; mais le ciel a dérobé cet homme vertueux aux témoignages de notre reconnaissance, ou plutôt il l'a acquittée; il est mort peu de tems après le retour de la Vaillante.

Notre situation attendrissait quelquefois les cœurs les plus durs. Un jour le vieux général Murinais était assis appuyé contre l'affût d'un des canons de chasse, pendant le souper de l'équipage; il cherchait à mâcher le mauvais biscuit qui nous était distribué, et n'ayant plus de dents, il ne pouvait ni le broyer, ni l'amollir. Le capitaine passant près de lui, fut tout-à-coup frappé de la belle figure de ce vieillard, que les matelots regardaient avec un respect involontaire. « Je vois » que vous ne pouvez broyer le biscuit, lui » dit-il, je vais vous faire donner du pain. » Non, monsieur, lui dit Murinais d'une » voix assurée, je ne veux rien de vous : faites votre devoir, je n'accepterai de vous » aucune préférence, je ne veux rien que » mes camarades ne partagent; laissez-moi » en paix ».

Vers le 16 octobre, nous étions par le travers et au nord des *Açores*, le vent était violent et la mer très-grosse, un bâtiment portugais venant de la côte du Brésil tomba dans notre route, le capitaine lui donna la chasse, le prit, et l'amarinant, la corvette souffrit un assez violent abordage; pendant que le capitaine la Porte et son équipage pillaient les malheureux passagers, le brave maître Dominique songeait à nous faire des provisions à la faveur du désordre; il nous apporta des noix de Para et des cocos.

Malgré les petits secours que l'humanité du capitaine Hurto et de maître Dominique, et l'activité d'Aristide nous procuraient de tems en tems, la faim nous tourmentait cruellement, et pourtant le dégoût du biscuit noir que nous ne pouvions briser sans rencontrer de gros vers vivans, n'était pas vaincu par cette faim dévorante. Les grosses fêves ou gourganes étaient encore plus dégoûtantes; soit malpropreté, soit mauvaise intention, jamais on ne nous apportait un baquet, que nous n'y vissions surnager des cheveux et de la vermine.

Depuis que les maux violens causés par le mouvement des vagues, avaient cessé, la cruelle faim produisait parmi nous des effets différens. Le plus grand nombre était affaibli, presqu'éteint, surtout Tronçon-Ducoudray, Lafond-Ladebat et Barthélemy; au contraire, Marbois, Willot et Dossonville avaient des accès de rage, et les alimens grossiers qu'ils prenaient en trop petite quantité, ne faisaient qu'exciter leur appétit dévorant. « Sans doute » que le Directoire dîne mieux que nous dans » ce moment, disait un jour l'un d'entre » nous, en regardant le baquet de fêves » noires ». Oui, reprit un homme qui nous écoutait, et qui ne nous parla que cette seule fois; je ne me permets pas de le nommer. » Oui, les Directeurs ont un meilleur dîner, » mais je doute qu'ils dînent aussi tranquille- » ment, et qu'ils montrassent le même cou- » rage s'ils étaient à votre place ».

Je me souviens dans ce moment d'un trait plus remarquable, un seul mot, un cri qui fit frémir notre féroce capitaine. Marbois se promenait sur le pont et souffrait de la faim, jusqu'à ne pouvoir plus se contenir; le capitaine passa tout près de lui. « J'ai faim, j'ai faim, lui cria Marbois » d'une voix forte, quoiqu'altérée et le re- » gardant avec des yeux étincelans, j'ai » faim, donne-moi à manger, ou fais-moi » jeter à la mer ». Le cerbère resta comme pétrifié; il fit porter à manger à Marbois.

Un autre jour Willot dévorant des yeux tout ce qui pouvait le repaître, acheta d'un matelot une livre de sain-doux et l'avala sur-le-champ, il en fut très-malade.

C'est dans cet état que nous arrivâmes au tropique, et la douceur du climat dans ces belles mers, ne faisait qu'exciter davantage notre estomac. Les horreurs de cette famine ne s'effaceront jamais de ma mémoire. Le malheureux Dossonville poussait des cris de rage jusqu'à nous faire craindre d'en être mordus. L'équipage avait pris un très-gros requin; le capitaine ordonna qu'on nous donnât la portion de l'état-major, c'est-à-dire, la plus mauvaise. On sait combien la chair de ce monstre est huileuse, indigeste et malsaine; nous étions tellement affamés que nous aurions dévoré le requin: Dominique nous fit dire de refuser cette distribution, et le soir il nous renvoya la moins mauvaise partie du requin très-bien assaisonnée avec des oignons, beaucoup de vinaigre et du piment. — Dossonville en mangea lui seul plus de six livres avec une effrayante voracité. Il fut au moment d'en périr. Ces secours généreux de Dominique, si nous les obtenions quelquefois d'une autre main, ce n'était qu'à haut prix. On calculait, pour nous dépouiller, le degré de nos souffrances. Ainsi Dossonville donna un très-bon surtout de drap bleu tout neuf pour un pain de trois livres ; vers ce tems-là, un mouvement d'impatience de Pichegru, fournit au capitaine Laporte, un prétexte de nouvelles vexations envers les quatre prisonniers de la fosse aux lions. — Le mousse bordelais, malgré nos prières et nos menaces, nous apportait toujours le baquet de fèves noires si malpropre que nous ne pouvions y toucher. Un jour que Pichegru pressé par la faim attendait avec impatience cette grossière pâture, le mousse arriva avec le baquet presque couvert de cheveux ; Pichegru ne put se retenir, et repoussa le mousse qui tomba dans le baquet, et s'étant brûlé, jeta les hauts cris, appela au secours; Pichegru s'accusa : nous ne voulûmes point convenir qu'il fût seul coupable : le capitaine nous fit mettre aux fers tous les quatre, et même pendant les deux premiers jours avec les deux pieds. Nous souffrions beaucoup, nous étions enchaînés depuis six jours, et le capitaine ne paraissait pas disposé à nous dégager, lorsque le seul motif qui puisse agir sur les hommes criminels, la crainte, l'y força.

Depuis la prise du vaisseau portugais, l'équipage était mécontent de l'infidélité du capitaine dans le partage ; quelques matelots murmuraient tout haut : la pitié pour notre sort se joignait à leurs plaintes ; nous

étions

étions mêlés avec eux au gaillard d'avant. Ils avaient sous leurs yeux des généraux chargés de fers : Pichegru surtout fixait leur attention, redoublait leur intérêt. Le septième jour, le capitaine nous replongea dans la fosse aux lions. Certes, il fut bien avisé, il n'avait pas un moment à perdre.

Peu de jours après, la Vaillante fit encore une prise : c'était un bâtiment anglais qui venait de Londres, et allait à Antigoa. Le capitaine Laporte voulut sans doute se raccommoder avec son équipage ; car il permit, et donna même l'exemple du plus affreux pillage. Un colonel anglais, passager sur ce bâtiment, ayant voulu réclamer sa malle, fut mis avec nous pendant quelques jours dans la fosse aux lions.

Nous étions au-delà du tropique, quand un vaisseau suédois, allant à St.-Barthelemy, prit chasse devant la Vaillante, qui ne put l'atteindre qu'à cinq heures du soir ; le brave lieutenant Dubourg, le même qui nous avait donné des marques d'intérêt, fut chargé de visiter ce bâtiment. Lorsqu'il revint, il assura le capitaine que le bâtiment était en règle ; et il ajouta : « C'est le même bati-
» ment qui était avec nous dans la rade de
» Blaye, lorsque nous y avons mouillé ; il
» transporte beaucoup de colons français,
» que la loi du 19 fructidor force à quit-
» ter la France. — Vous trouvez ce vaisseau
» en règle ? dit Laporte en fureur. Un roya-
» liste ne parlerait pas autrement ; allez,
» ajouta-t-il, en s'adressant à un autre of-
» ficier, visitez encore une fois ce vaisseau,

» et s'il s'y trouve des condamnés à la dé- » portation, ils seront de bonne prise ». Heureusement il ne s'y trouva aucun de ces derniers ; mais croira-t-on, que pour s'en assurer, en confrontant le rôle d'équipage avec les tables de proscription, ce misérable nous demanda à nous-mêmes de lui prêter le bulletin des lois, où se trouvaient rapportées tout au long cette loi sanguinaire, notre prétendue condamnation et la liste fatale.

Nous étions à la mer depuis plus de quarante jours ; nous nous estimions très-proches du cap Nord, quoique nous n'eussions encore remarqué aucun changement dans la couleur des eaux. Un calme plat nous retenait, l'excessive chaleur achevait de nous accabler. Aubry, déjà presqu'inanimé, gémissoit doucement ; et après avoir énuméré toutes nos misères : « Hélas ! ajouta-t-il, que » ne nous a-t-il jetés à la mer. — Vous en » être encore le maître, dit le capitaine, » qui l'écoutait à son insu, et vous me fe- » rez plaisir. Je vais vous faire donner une » échelle pour vous aider à monter sur le » pont ».

Enfin, le cinquantième jour, au lever de l'aurore, nous entendîmes crier : *Terre, Terre.* Nous nous sentîmes animés d'une nouvelle vie. C'était depuis le 4 septembre, jour de notre arrestation, le premier rayon d'espérance ; et nos bourreaux étaient parvenus à nous faire desirer ardemment la terre d'exil.

Quand nous montâmes sur le pont, nous apperçûmes le continent, et une terre plus

élevée que le reste de la côte, et qui avait été reconnue pour être l'attérage du cap-nord : on ne distinguait encore que des masses ; mais ce spectacle confus suffisait à notre impatience : notre imagination pénétrait déjà ces forêts, nous y représentait notre asile, arrangeait, ornait même notre retraite. « Nous allons, disions-nous, échap-
» per enfin aux regards de nos bourreaux ; nous
» parcourrons librement cette terre ; nous y
» trouverons des consolations, peut-être de
» nouveaux amis. Il suffira à nos persécuteurs
» d'avoir mis l'océan entre eux et nous ; ils
» seront rassurés ; ils se croiront assez ven-
» gés par l'abandon que nous avons éprouvé,
» et par l'oubli profond qui nous attend ».

Sortir de la Vaillante, nous rassasier, boire de l'eau fraîche, étoit pour nous le souverain bien. Dans les ardeurs de la faim et de la soif, Marbois qui avait été autrefois intendant de St. Domingue, et qui connaissait parfaitement les productions de ce pays, ne nous entretenait que des fruits délicieux que nous allions cueillir ; il soutenait notre dernier souffle par ces illusions que les brises de terre semblaient déja réaliser, en portant jusqu'à nos sens émoussés les parfums des citronniers et des ananas.

Le 10 novembre à 5 heures du soir, la corvette mouilla dans la grande rade de Cayenne, à la vue et à trois lieues de la ville. Dès ce moment nous eûmes la permission de nous promener sur le pont à toute heure ; mais le capitaine renouvela à son équipage la défense de communiquer avec nous; il fit sur-le-champ prévenir de notre arrivée l'agent du Directoire Jeannet qui remplit à Cayenne les anciennes fonctions de gouverneur.

Le 11 novembre avant midi, une goëlette commandée par le capitaine marchand Despeyroux vint nous prendre : la Porte fut très-étonné que l'agent-général ne l'eût pas appelé, et qu'il ne le chargeât point de nous conduire lui-même à terre : l'ordre qu'il reçut en même tems de rester au mouillage sans approcher davantage de l'île de Cayenne et la défense de communiquer et de laisser débarquer aucun individu de son équipage, sous peine de mort, l'inquiéta beaucoup. Il ne voulait pas, disait-il, nous remettre à d'autre officier qu'à l'agent lui-même, et nous avons su depuis par maître Dominique, que soupçonnant Jeannet d'être déjà trop bien instruit des derniers évènemens, il fut au moment de lever l'ancre et de faire voile pour la Guadeloupe, pour nous livrer au fameux Hugues, le tyran des Antilles.

Cependant l'ordre était positif, il fut contraint de lâcher sa proie. Il nous fit escorter par un détachement de sa garnison, dont le brave Hurto prit le commandement pour nous accompagner jusqu'au rivage, et recevoir nos adieux. Nous passâmes sur la goëlette, recueillant en même tems les derniers regards du tigre irrité, et les bénédictions de Dominique, si bien exprimées dans ses yeux baignés de larmes.

La goëlette mouilla à une portée de canon du rivage, des chaloupes qui étaient venues au devant de nous, nous y conduisirent : nous débarquâmes avec beaucoup de difficultés sur une plage parsemée de rochers, où la mer très-houleuse brisait avec violence. Nous nous trouvâmes en face de l'hôpital, qui est un fort bel édifice, bâti au bord de la mer, à l'extrémité nord de la Savanne (1).

Un peuple nombreux était accouru au-devant de nous : tous les magistrats et les principaux habitans de Cayenne s'y rendirent, et il nous fut aisé de comprendre, par l'impression que nous fîmes sur eux, que la seule curiosité ne les avait point attirés ; le commandant des troupes, Desvieux, nous reçut avec une garde nègre, fort bien tenue, et nous escorta jusqu'à l'hôpital, mais du moins avec politesse. Il permit aux principaux habitans qui s'empressaient autour de nous, de nous donner le bras ; nous retrouvâmes des hommes, nous reconnûmes des Français : nous trouvâmes à l'hôpital l'agent du directoire Jeannet, avec son secrétaire Mauduit : il donna au capitaine Hurto un reçu de seize déportés, après en avoir fait faire l'appel.

Jeannet, en nous recevant dans la galerie supérieure de l'hôpital, laissa échapper quelques larmes : « vous avez bien souffert, messieurs, nous dit-il, il n'est que trop facile d'en juger : je vous ai fait préparer ici un logement ; quelque resserré qu'il vous paraisse, c'est pourtant ce que j'avais de mieux à vous offrir pour ce moment ; c'est aussi la situation la plus salubre et qui con-

(1) *Savanne*, en langue du pays, signifie *prairie*.

» vient le mieux à votre état : vous êtes entre
» les mains des respectables sœurs de la Cha-
» rité : elles ne vous laisseront manquer de
» rien; j'aurai moi-même soin que vous soyez
» pourvus de vivres et de rafraîchissemens.
» Comptez que tant que je pourrai agir
» d'après ma volonté, vous aurez lieu d'être
» contens ».

Il se retira sans donner aucun ordre, aucune consigne qui pût nous gêner, sans nous défendre même d'aller en ville.

Un changement si subit dans notre situation, les soins compatissans de ces bonnes sœurs, la saveur des alimens frais et des fruits, nous rendaient a l'existence ; nous ne doutions point qu'après notre entier rétablissement, on ne nous laissât, aux termes de la loi du 19 fructidor, entièrement maîtres de disposer de nos personnes. Nous étions confirmés dans cette certitude, par l'esprit même des rapports mensongers que nous avions lus et dans lesquels les orateurs de la minorité triomphante dans les deux Conseils s'efforçaient de dissimuler à leurs collègues subjugués, l'injustice et la barbarie d'une proscription en masse, en la représentant comme un simple exil. J'entendis plusieurs de nos compagnons, particulièrement Lafond, regretter de n'avoir point auprès de lui sa femme et ses enfans, pour s'établir volontairement dans cette colonie, qui paraissait jouir d'une tranquillité depuis long-tems bannie de la métropole.

Ces songes consolans furent malheureusement bientôt dissipés, tout changea de face. Le commandant Jeannet effaça, dès le lendemain, par une conduite toute opposée, les effets et l'impression de son humanité momentanée, plus coupable et plus cruel de nous avoir donné de fausses espérances, que d'avoir renouvelé notre supplice.

Cette partie de notre malheureuse histoire serait aussi inintelligible pour le lecteur, que la conduite de Jeannet nous parut inexplicable, si je ne disais ici les causes de ce changement telles que nous les avons apprises par des témoins fidèles, dont la bonne volonté et le courage n'ont pu rien changer à notre sort, et dont je dois taire les noms et les divers bienfaits gravés également dans mon cœur.

J'essaie d'abord de tracer l'image de ce bizarre proconsul.

Jeannet, neveu de Danton, est un homme d'environ quarante ans; son extérieur est agréable, ses manières polies, son regard fin et même spirituel : il est manchot du bras gauche, mais d'ailleurs très-bien fait.

Jeannet appartenait à la faction redoutable qui opprima le Corps-Législatif en 1792, renversa le trône et détruisit avec le pouvoir exécutif, la constitution monarchique. Je n'ai pas de foi au témoignage des personnes que j'ai entendu charger Jeannet de complicité avec les plus grands criminels, pour noircir légèrement sa vie passée; je me borne à croire qu'il servit assez bien la faction de son oncle, pour que celui-ci pût le faire récompenser. Il fut nommé gouverneur à Cayenne, peu de tems après le rassemblement de la Convention.

Le bon état où se trouve la colonie, l'ordre qu'il y a maintenu, prouvent sa capacité: son administration a toujours été ferme, il s'est montré juste envers les propriétaires, quoiqu'en les tenant dans sa dépendance. Par la terreur des nègres qu'il a su à-la-fois contenir et s'affectionner, les habitans reconnaissent qu'ils lui doivent la conservation de leurs propriétés.

Lorsque Danton, prévenu par son rival, succomba avec son parti sous celui de Robespierre, Jeannet ayant refusé de faire proclamer la liberté des nègres, fut obligé de quitter la colonie, et se retira aux États-Unis.

Rentré en France, après le 9 thermidor, il fut réintégré dans sa place, peu de tems après l'installation du Directoire: les propriétaires le reçurent avec plaisir, et il justifia leur confiance en réprimant les terroristes. Les conventionnels Billaud-Varennes et Collot-d'Herbois, déportés à Cayenne, y jouissaient de leur liberté, et, loin d'expier leurs forfaits, ils en méditaient de nouveaux sous les auspices d'un commandant (1) digne d'être à leurs ordres. Le retour inattendu de Jeannet prévint l'explosion d'une conjuration tramée par les nègres, et dirigée par Collot-d'Herbois, pour faire massacrer à-la-fois tous les blancs. Une négresse vint révéler le secret qu'elle avait surpris; Jeannet fit arrêter

(1) Cointet.

et conduire au fort de Synamary, Collot-d'Herbois et son collègue Billaud-Varennes, qui, dit-on, n'étaient pas dans le complot; mais il ne put empêcher la rébellion des nègres, qui ne fut réprimée qu'après qu'on en eut fait un grand carnage : Collot-d'Herbois étant tombé malade peu de tems après, fut transporté à l'hôpital de Cayenne où il mourut; Billaud-Varennes est encore au fort de Synamary.

On peut juger par ces détails, que Jeannet, lié avec le parti qui avait fait le 9 thermidor, tenait ferme contre les anarchistes, et suivant la conduite si naturelle que ses amis auraient dû suivre en France, il s'était lié avec tous les honnêtes gens par un intérêt commun, dont la garantie reposait sur le maintien des nouvelles lois; il protégeait les propriétés; il sut, malgré la pleine exécution des décrets pour la liberté des nègres, les retenir dans leurs atteliers.

Les soins que prend Jeannet de faire respecter les propriétés, ne sont pas désintéressés; on l'accuse de rapacité, il lève arbitrairement les impositions et ne rend aucun compte : il saisit impitoyablement tous les bâtimens qui tombent entre ses mains, amis, neutres, ennemis; il confisque en corsaire, il partage en voleur (1) : il s'est approprié

(1) Je certifie que, pendant notre captivité à la Guyanne, Jeannet a saisi au moins douze vaisseaux, soit hambourgeois, suédois, danois, hollandais, enfin un ragusien, tous destinés pour Surinam; j'en excepte celui de Raguse, qui allait à Vera-Crux. Comme l'histoire de sa prise et de sa saisie a

comme biens nationaux la jouissance des plus belles habitations confisquées ou séquestrées;

---

fait beaucoup de bruit dans la colonie, je vais en dire un mot. Ce vaisseau sortait d'un des ports d'Espagne; il était chargé de vin et d'autres denrées pour le Mexique. Il faut croire que le capitaine connaissait peu la mer Atlantique. Après deux mois de navigation, il atterra à Cayenne : ne sachant où il était, il envoya son canot à terre; bientôt il sut qu'il était chez une nation amie de la sienne : il fit demander la permission de relâcher quelques jours, et de faire eau; le tout lui fut accordé. On le visita et revisita; par malheur il était si en règle, qu'il n'y avait pas moyen d'y mordre. Après cinq jours de relâche, on le laissa partir. Il faisait gros tems : le vaisseau fut très-endommagé vis-à-vis les îles du Diable, et forcé de rentrer à Cayenne. « Oh! pour le coup, » s'écria Jeannet, c'est un espion, un agent de » Pitt ». A l'instant, il envoie une garnison à bord du vaisseau, fait arrêter le capitaine, et envoie chercher le tribunal de commerce. Il leur annonce que les magasins de la colonie sont épuisés, qu'il ne sait plus quel parti prendre, qu'il ne voit d'autre expédient que de saisir le ragusien. « Au reste, » messieurs, ajouta Jeannet, point de scrupules, » je me charge de tout : cela vaut encore mieux que de » lâcher la bride aux nègres; vous m'entendez ». Deux membres de ce tribunal donnèrent leur démission, plutôt que de partager l'iniquité d'un tel procédé; les autres brigands, avec les deux qui leur furent adjoints, confisquèrent le vaisseau. Le jugement est motivé « sur ce que la république de Raguse a fourni des vivres à l'armée de l'empereur, malgré les ordres du grand-seigneur, le fidèle allié de la république française, et qu'elle en a refusé à Buonaparte, etc. ». Je tiens tous ces faits, connus de tous les déportés, d'un des deux juges qui donnèrent leur démission; en se retirant de Cayenne, il passa au fort de Synamary. Le directoire, au reste, n'ignore aucune de ces horreurs; Jeannet est celui qui, de tous, est le moins coupable : le gouvernement ne lui

il fait surtout très-bien cultiver la belle habitation du général la Fayette, la Gabrielle, qui lui rapporte, dit-on, près de 300,000 fr.; l'habitation des jésuites, la royale, et celle de Beauregard grossissent aussi le trésor de ce satrape.

Après ces succès, et avec de telles dispositions, Jeannet voyant le gouvernement républicain s'affermir, était bien éloigné de croire à un nouveau règne de terreur : la nouvelle des évènemens du 18 fructidor qu'il avait appris avant notre arrivée par un bâtiment américain sur lequel il fit mettre un embargo, les noms des principaux acteurs tels qu'Augereau, Sotin, etc. lui causèrent un tel effroi, qu'il fut au moment de quitter une seconde fois la colonie; le terme de ses pouvoirs était expiré, il ne doutait pas qu'un ami de Billaud-Varennes ne vînt bientôt le remplacer, il croyait voir évoquer les mânes de l'affreux Collot. Les habitâns l'engagèrent à rester et à attendre de nouveaux éclaircissemens.

Le rapport exact que dut faire le lieutenant Dubourg de la corvette la Vaillante au moment de notre arrivée; le tableau que son humanité présenta sans doute à Jeannet des maux que nous avions soufferts, confirmèrent apparemment ses premiers apperçus, et nous valurent le bon accueil qu'il nous fit à l'hôpital.

---

envoie ni argent, ni vivres; il faut qu'il entretienne six ou huit cents hommes de troupes, et qu'il paie les fonctionnaires publics.

Cependant le capitaine la Porte, furieux et d'autant plus blessé des précautions outrageantes de l'agent, qu'il était lui-même sûr et se sentait fier de la confiance du Directoire, ne se tint point pour battu; il écrivit à Jeannet, insista pour le voir et lui remettre lui-même à Cayenne (1) des lettres et des instructions particulières dont il étoit porteur. Jeannet circonvenu d'ailleurs par des révolutionnaires tels que son secrétaire Mauduit et le capitaine du port Malvin, ne put reculer; il permit au capitaine la Porte de venir à terre, et l'invita à dîner.

Nous le vîmes arriver vers quatre heures du soir dans sa chaloupe, et nous dûmes frémir.

Comme c'est à la suite de ce dîner que notre perte fut résolue, les détails que nous en avons appris méritent quelque attention.

Pendant que Jeannet lisait attentivement ses dépêches, la Porte ajoutait au texte les plus perfides commentaires, et il était soutenu par des conseillers plus perfides encore: « Ces scélérats que j'ai amenés, disait-il, » avaient déjà allumé la guerre civile en » France, où ils massacraient impunément » les républicains; nous étions tous vendus » aux princes, nous voulions tous proclamer » le roi; nous espérions encore renouer la » partie, nous nous étions ménagé des intelli- » gences à Cayenne, et nous avions les

---

(10) Je puis attester que trois personnes de Cayenne ont lu une lettre particulière de Rewbell à Jeannet.

» moyens de faire une révolution en faveur
» de Louis XVIII : le Directoire, ajoutait-
» il, en était informé. »

Ces calomnies qui fermaient la bouche aux honnêtes magistrats, qui se trouvaient à ce dîner, enhardissaient les révolutionnaires, qui n'attendaient pas que l'agent général se fût expliqué, pour éclater contre nous.

Jeannet se défendait encore, et semblait capituler avec sa conscience. Il parcourait la liste des déportés, et marquant de l'œil les conventionnels, contre lesquels une vieille haine de parti l'animait peut-être : Je ne vois, dit-il, qu'un petit nombre de coupables ; plus je lis et médite mes dépêches, et moins je puis les comprendre. Il interrompit deux fois les déclamations du capitaine la Porte, pour lui parler de l'état affreux où nous étions.
» N'est-il pas vrai, capitaine, que ces mes-
» sieurs ont bien souffert ? Oui, répondit
» insolemment la Porte, oui, ils ont souf-
» fert, et si j'eusse exécuté mes ordres, je
» n'en eusse pas conduit un seul jusqu'ici ».

Le lendemain 18 novembre, on nous défendit de sortir de nos chambres, nous fûmes gardés à vue. Aucun prétexte, aucun besoin ne nous dispensait de cette importune vigilance. Il fut défendu aux habitans d'avoir désormais aucune communication avec nous. Quelques-uns bravèrent le danger de contrevenir à ces ordres rigoureux ; d'autres nous firent parvenir des rafraîchissemens.

Une mulatresse, nommée Marie Rose, femme d'environ quarante ans, fort riche, et respectée par toute la Colonie à cause de sa piété et de son humanité toujours active, se distingua par son généreux empressement à nous envoyer, à nous apporter elle-même tout ce qu'elle savait nous être nécessaire, ou qu'elle croyait devoir nous être agréable. Elle était si souvent avec les bonnes sœurs de la charité, que la défense de communiquer avec nous ne pouvait l'atteindre. L'hôpital était l'habitation favorite de Marie Rose, et ses visites y furent d'autant plus fréquentes, que nous devenions plus malheureux. Ce vif intérêt qu'elle prit à notre sort ne s'est jamais refroidi. C'était à Pichegru qu'elle adressait toujours ses petits dons, et il n'a jamais manqué de les partager avec ses compagnons d'infortune, comme aussi la reconnaissance que nous devons tous à cette excellente femme.

Marbois, Tronçon-Ducoudray et Murinais demandèrent la permission de se promener. Il nous fut permis d'aller pendant une heure le matin et une heure le soir sur la Savanne, jusques aux murs de la ville, accompagnés d'une garde. Desvieux veillait lui-même à ce service : il avait injurié Marie Rose ; il voulut faire fusiller deux sergens du régiment d'Alsace, parce que Marbois leur ayant adressé la parole en allemand, ils s'étaient entretenus avec lui. Il ne fallut pas moins que les sollicitations d'un grand nombre d'habitans pour sauver ces malheureux. Desvieux faisait trembler Jeannet lui-même. Il ne pardonna pas aux sœurs de la charité, l'intérêt qu'elles nous avaient témoigné pendant notre court séjour auprès d'elle. « Vos » déportés sont *perdus*, disait-il énergique- » ment à la supérieure, ils sont perdus, et » s'ils ne crèvent bientôt, nous trouverons » moyen de les expédier ». (Ce Desvieux est un ancien capitaine de cavalerie, qui a été aide-de-camp de M. de Boufflers, et qui appartenait, dit-on, à une ancienne famille de robe).

Ainsi se passèrent, les premiers jours après notre débarquement; malgré ces nouvelles rigueurs, nous espérions encore que la loi seroit exécutée, et qu'on nous laisserait en paix dans les limites de notre exil : notre sort n'était point décidé : les habitans demandaient à nous recevoir chez eux : Jeannet leur répondait qu'il ne pouvait pas nous séparer, ni hasarder de troubler la tranquillité de la colonie : il résolut, dit-on, d'abord de nous placer à l'ancienne habitation des Jésuites.

Les terroristes crièrent, menacèrent, demandèrent la même faveur pour Billaud Varennes, et reprochèrent à Jeannet de le retenir prisonnier malgré l'ordre du directoire, qui portait qu'il jouirait de la liberté d'aller et de venir dans tout le territoire de la colonie.

Le lâche proconsul céda, et de la même main que nous avions vu peu de jours avant dérober les larmes de la pitié, il signa l'ordre barbare de notre seconde déportation.

Le 18 novembre au matin, nous fûmes avertis de nous tenir prêts pour le canton de Synamary.

Les membres du Conseil des Anciens proposèrent de protester contre cette extension d'une loi qui en elle-même était la violation de toutes les lois; ceux du Conseil des Cinq-Cents pensèrent que ce serait reconnaître en quelque sorte la légalité de l'acte de proscription, et celle des agens qui l'exécutaient; ils préférèrent d'obéir passivement, et je me rangeai à leur avis. Jeannet se contenta de faire répondre négativement par l'intermédiaire d'un commissaire de marine; jamais il n'a répondu directement à aucun déporté, et il a toujours défendu qu'on nous donnât copie des lettres et des ordres qu'il nous faisait communiquer.

Les plus malades qui paraissaient hors d'état d'être transportés, réclamèrent en vain: le vieux général, notre brave doyen, Murinais, ne put obtenir de rester à l'hôpital; il était au désespoir, il prit sur lui d'écrire particulièrement à Jeannet: « faites-» vous rendre compte de l'état où je suis, votre » ordre est pour moi un arrêt de mort». Jeannet fut sourd aux prières de tous les habitans, aux larmes des bonnes sœurs de l'hôpital; il fallut partir.

Nour reçûmes les adieux du brave capitaine Hurto, qui avait aussi de son mieux défendu notre cause, et ceux de maître Dominique, qui passa deux jours avec nous, et nous donna de nouvelles preuves de son généreux dévouement.

Le 22 novembre, à huit heures du matin, nous fûmes embarqués sur la goëlette la Victoire; des chaloupes vinrent nous prendre au au même endroit où nous avions débarqué en quittant la Vaillante : on voulut éviter de nous faire traverser la ville ; mais tous les habitans accoururent en foule au rivage; tous nous donnèrent des marques de la plus touchante sensibilité : les femmes et les enfans étaient en larmes ; il est impossible de rendre un spectacle aussi attendrissant. Nous étions sans gardes au milieu de ces bons habitans, et seulement accompagnés par le commandant Desvieux, qui devant ce peuple opprimé feignoit une excessive politesse. Jeannet ne parut point.

Quand la goëlette leva l'ancre, les regrets de nous voir arracher à de si douces consolations, la vue de cette foule qui couvrait le rivage, les bras tendus vers nous, ou levés vers le ciel ; ces cris de désespoir, ces adieux achevèrent de briser nos cœurs.

L'honnête capitaine Brachet qui commandait la goëlette, fit de son mieux pour adoucir l'amertume de cette séparation ; il nous prodigua ses soins, et les rafraîchissemens dont il s'était muni ; il paraissait si dévoué à nous servir, que je ne doute pas que si nous lui eussions proposé de nous sauver, il ne l'eût fait. On ne nous avait donné d'autre escorte que trois hommes et un capitaine ; le bâtiment n'était manœuvré que par quatre matelots et un maître, qui vraisemblablement ne se seraient pas défendus. Nous étions seize, et la chambre de l'arrière où l'on nous avait placés, était remplie d'armes éparses çà et là ; mais cette bonne pensée ne vint à aucun de nous, nous étions résignés à subir notre destinée. On nous avait encore bercés de cette idée, que le canton de Synamary, était, sinon le plus peuplé, du moins le plus sain, et l'un des plus fertiles de la colonie : nous devions y trouver tout en abondance et y jouir enfin de notre liberté.

La rivière de Synamary se trouve à trente lieues à l'orient de l'île de Cayenne ; les vents et les courans nous servaient : nous avions levé l'ancre à midi, et nous mouillâmes vers les huit heures du soir à l'embouchure de la rivière, après avoir doublé les îles au diable. Le capitaine Brachet voulut mouiller près de terre pour nous faire débarquer avant la nuit ; mais comme les postes n'étaient point prévenus, la batterie qui est sur la pointe de l'est tira sur nous à boulet. Nous fûmes obligés de coucher à bord de la goëlette.

Au point du jour, 23 novembre, nous débarquâmes sous la redoute de la pointe. Le commandant du canton, M. de***, capitaine au régiment d'Alsace, se trouva sur la place pour nous recevoir : « Voilà, dit le com-
» mandant de notre escorte, les condamnés
» à la déportation, et voici l'arrêté provi-
» soire de l'agent général à leur égard. —
» Les condamnés, dites-vous ? reprit cet of-
» ficier ; ces messieurs n'ont pas été jugés ;
» c'est une infamie que de les avoir envoyés
» ici ». Ce seul mot, et son accent honnête lui coûtèrent son état ; il fut cassé peu de tems après, et chassé de la colonie : j'espère du moins que cette rigueur lui aura sauvé la vie ; il était jeune et déjà flétri par le climat.

A cent pas du rivage, laissant à droite la redoute et le mat des signaux, nous passâmes devant la maison de M. Kormann, mauvaise baraque isolée, où on ne croiroit pas qu'un homme pût volontairement se fixer, la seule habitation qu'on apperçoive dans cette vaste solitude, et sur les bords de la rivière de Synamary, qui sont couverts de bois, entravés et infectés par les branches des paletuviers pourries dans la vase.

Comme nous nous arrêtions devant cette baraque, pour demander de l'eau fraîche, M. Kormann, homme d'environ trente ans, mais plus cassé qu'un Européen ne l'est ordinairement à soixante, vint nous saluer, et nout dit, avec une voix éteinte : « ah ! mes» sieurs, vous descendez dans un tombeau ». Nous le savons, dit le général Murinais, et le plutôt sera le mieux : tels furent les augures qui accompagnèrent notre arrivée sur le continent.

Nous marchâmes sur un sol brûlant, en suivant un sentier étroit, au bord de la rivière, jusqu'à une lieue dans les terres. J'eus beaucoup de peine à me traîner à la suite de mes camarades, qui tous étaient excédés ; aucun de nous n'était assez rétabli des fatigues de la navigation, pour soutenir cette course : je crachois le sang depuis plusieurs jours.

Nous arrivâmes devant le fort de Synamary, qu'on ne découvre en sortant des bois, qu'à une portée de fusil.

Ce fort, construit en madriers et palissadé, n'a aucun ouvrage extérieur ; c'est un quarré d'environ cent toises, flanqué de quatre bastions et entouré d'un large fossé, dans lequel on a introduit les eaux de la rivière, de manière que le fort se trouve isolé.

En entrant dans cette forteresse, nous vîmes trop bien qu'il ne nous restait plus aucun espoir de jouir, même au milieu de ces déserts, d'une ombre de liberté. Le forfait était consommé.

Il me reste à faire connaître le rafinement de cruauté avec lequel on a poursuivi, dans cette prison, les restes de notre malheureuse existence, et l'infatigable rage des bourreaux, et la patience et la constance des victimes ; les tourmens de ceux de nos compagnons qui ont péri dans nos bras, et de ceux qui luttent encore contre une mort plus lente, mais inévitable ; enfin, le miracle de notre évasion.

Quelque resserré qu'ait été le théâtre de ces horribles scènes, je dois d'abord le décrire.

Les casernes pour la garnison, le logement du commandant, et quelques huttes pour les vivandiers occupent la courtine, à droite du côté de la rivière : la garnison était composée de quatre-vingts hommes, moitié de blancs et moitié de nègres ; c'était un détachement de l'ancien régiment d'Alsace, presqu'entièrement renouvelé depuis son arrivée à la Guyane.

Le long de la courtine opposée à celle du côté de la rivière, est l'ancienne chapelle que les révolutionnaires blancs ont dévastée, et que les nègres respectent encore.

A côté de la chapelle est un hangard ou cabaret, sous lequel sont bâties huit mauvaises cases, qui servaient autrefois de prison pour les nègres marrons et les criminels.

En face de l'entrée du fort est le logement du garde-magasin : les terres-pleines des bastions sont occupées par des magasins de vivres et de munitions ; et l'un des quatre, celui du nord, du côté de la rivière, sert de corps-de-garde : l'espace qui reste au milieu du fort est planté d'orangers.

Le fort est armé et bien entretenu.

Le commandant nous conduisit d'abord vers le Hangard, et nous montrant les cases : Voilà, dit-il, le logement qui vous est destiné. Billaud-Varennes occupait l'une de ces cases ; les sept autres devaient être reparties entre les seize déportés, et, suivant leur inégale proportion, en recevoir tel ou tel nombre.

Le commandant s'adressant à monsieur de Murinais comme au plus âgé, en désignant une des cases qui ne devaient contenir qu'un seul prisonnier ; lui dit : « celle-ci pourrait » vous convenir ». Menez-moi à la plus proche du cimetière, répondit le vieux général, c'est celle qui me convient.

Après avoir forcé notre brave doyen à prendre cette première case, pour lui seul, les autres furent partagées entre les quinze déportés, et le sort régla les logemens de la manière suivante :

IIe. case, Aubry seul.
IIIe. Pichegru et Marbois.
IVe. Villot, la Rue et Dossonville.
Ve. Bourdon et Rovère.
VIe. Lafond, Tronçon-Ducoudray et Barthélemy.
VIIe. Brothier, la Villeheurnois, Letellier et Ramel.

Le commandant fit donner un hamac à chacun de nous : il n'y avait dans les cases ni lits, ni tables, ni chaises, aucun meuble, aucun ustensile.

Nous avions pour toute nourriture, une ration de biscuit, une livre de viande salée, et un verre de rum pour corriger l'eau qui est très-mauvaise ; on nous donna quelquefois du pain que nous ne pouvions manger, parce qu'il était rempli de vers et de fourmis, et l'on nous fit enfin distribuer quelques rations de vin qui s'était aigri dans les magasins.

Ne pouvant manger tous ensemble ni dans une seule case, ni à la même gamelle, nous nous séparâmes pour former des ordinaires ou chambrées, ce ne fut pas le sort qui décida de ces associations, mais bien les convenances d'âge, de caractère et d'opinion.

Ie. chambrée, Marbois, Tronçon-Ducoudray, Barthélemy, Lafond, Murinais, Letellier,
IIe. Pichegru, Villot, Larue, Aubry*, Dossonville, Ramel.
IIIe. Bourdon, Rovère.
IVe. Brothier, la Villeheurnois.

Cet ordre fut bientôt altéré par de fâcheux évènemens. Marbois voulut aussi faire son ordinaire à part. Barthélemy et le Tellier se joignirent dans la suite à la chambrée dont j'étais. L'abbé Brottier se lia avec Billaud-Varennes.

Ces associations ayant influé sur nos destinées, j'ai dû rappeler leur formation.

Un seul nègre faisait la soupe pour les quatre ordinaires. Chacun y veillait, et avait soin d'aller la retirer. Ce redoutable cuisinier avait été envoyé exprès de Cayenne, où on l'avait fait sortir de la maison de correction. Il nous a vingt fois menacés de nous empoisonner.

Nos malades furent soignés par deux vieilles négresses; une troisième dont le mari était dans le fort, et que la bonne Marie Rose avait envoyée comme étant sûre de son honnêteté, servait le général Pichegru. J'ai lu avec indignation, des calomnies qui ont été répandues pour distraire de nous l'intérêt qu'on accorde au malheur, et le respect qu'on porte à l'innocence, quand elle n'est pas déchue de sa dignité. Que nos persécuteurs nous laissent du moins cette consolation!

Nous étions prisonniers dans le fort. Je n'en suis sorti qu'une fois, et je l'espère, pour n'y rentrer jamais. Nous étions assujettis à deux appels par jour. L'un se faisait à 9 heures du matin, et l'autre à quatre heures après midi.

Notre première occupation fut de nettoyer nos cases : elles étoient remplies d'insectes vénimeux qui les rendaient inhabitables, et pourtant nous n'avions pas d'autre abri. Aucun autre européen n'avait peut-être avant nous, subi le supplice d'être jeté dans ces climats, dans un tel repaire, d'être livré comme une pâture aux scorpions, aux mille-pattes, aux mosquites, aux maringoins, et plusieurs autres espèces aussi nombreuses que dangereuses et dégoûtantes; nous n'étions pas même à l'abri des serpens qui se glissaient souvent dans le fort. Pichegru en trouva un monstrueux et plus gros que le bras, dans les plis de son manteau qui lui servait d'oreiller dans son hamac; il le tua.

L'insecte qui nous tourmentait le plus était la chique ou Niguas, espèce de punaise qui se loge dans les pores, et qui, si elle n'en est soigneusement arrachée, s'y multiplie, et ronge si rapidement qu'il faut recourir à l'amputation. Nous étions couverts de boutons et de pustules, privés de sommeil, fatigués, plongés dans la plus profonde tristesse; quelques-uns d'entre nous avaient reçu, pendant notre translation du Temple à Rochefort, des vêtemens, du linge, et de l'argent : mais d'autres, et j'étais du nombre de ces derniers, étaient entièrement dépourvus; la précipitation de notre embarquement ayant trompé la prévoyance de leurs familles. Jeannet nous envoya quelques chemises et mouchoirs pris dans les magasins destinés aux fournitures des nègres.

Tel fut notre établissement à Synamary :

il n'y avait dans le fort d'autres habitans que la garnison et un garde magasin nommé Moigestein, très-honnête homme, qui nous eût fait du bien, s'il en eût été le maître. Les soldats nègres de la garnison, paraissaient plus honnêtes ou moins durs à notre égard que les blancs, reste du régiment d'Alsace qui conservaient leur ancienne discipline, mais qui étaient retenus dans une crainte servile. Le chirurgien du canton de Synamary, Cabrol, est un homme plein de bons sentimens, mais très-infirme, et qui ne pouvait que rarement se déplacer pour venir visiter les malades. Nous avons vu quelquefois aussi le maire du canton de Synamary, Vogel, ancien gentilhomme de Lorraine, qui nous faisait de vains offres de service.

Là se bornèrent nos communications avec les humains. Je ne compte pas le déporté Billaud Varennes auquel on s'efforcait de nous assimiler. Cette considération nous le fit rencontrer avec d'autant plus de peine. Nous évitâmes de l'humilier et d'aggraver son supplice ; mais l'abbé Brottier seul, a pu surmonter l'horreur de cette monstrueuse réunion, et s'est lié avec Billaud Varennes.

Je ne parlerai point de la contrée qui nous environnait, et qu'on nomme proprement le canton de Synamary. J'ai souvent entendu parler de quelques villages indiens assez considérables qui se trouvent, dit-on, à quelques lieues dans l'intérieur des terres, et dont les habitans venaient quelquefois vendre des fruits et des légumes. Les plantations qui se trouvent plus haut, en remontant la rivière, et qui rassemblées, forment une espèce de hameau, sont, dit-on, situées sur un terrain fertile, et cependant l'insalubrité du climat, a réduit à un petit nombre les Français qui s'y établirent dans le siècle dernier. Je ne sais rien de plus; je n'ai vu du haut des remparts d'une prison qu'une forêt profonde et qui me semblait impénétrable. Les hurlemens lugubres des tigres, qui s'approchaient jusqu'à la portée du fusil, les cris perçans des singes, le chant discordant des perroquets; enfin, le croassement des énormes crapauds, dont les fossés et les bords fangeux de la rivière étaient remplis, rendaient cette solitude épouvantable.

Le cinquième jour après notre arrivée, le lieutenant Aimé vint relever monsieur de.... et prendre le commandement du fort : ce fut un grand malheur pour nous.

Aimé était, au commencement de la révolution, laquais dans une maison de Nancy. Il fut l'un des principaux moteurs des troubles de cette ville, et de la révolte des régimens du roi et de Châteauvieux, que les gardes nationales réprimèrent. Il s'engagea alors dans le régiment d'Alsace, où il est parvenu au grade d'officier. Jeannet ne pouvait choisir un plus barbare geolier.

Aimé donna d'abord de nouvelles consignes, et en imagina chaque jour de plus gênantes. Il défendit aux soldats de nous parler sous peine de mort. Il ordonna au tambour de venir tous les matins battre la diane devant nos cases. Jamais nous ne pûmes obtenir qu'il nous délivrât de ce funeste réveil, c'était un vrai supplice pour nos malades. Il semblait qu'il vît avec chagrin que le sommeil suspendait quelquefois nos maux. Le tambour, ou plutôt le vautour qu'il avait choisi, ajoutait l'insulte, poussait des cris, des éclats de rire, quand nous demandions grace pour nos amis agonisans. Les plus sages d'entre nous, ont plusieurs fois retenu les plus bouillans qui voulaient précipiter ce misérable dans les fossés. Les appels furent faits avec une grande rigueur; si quelqu'un de nous ne se fût pas trouvé dans sa case, il eût été mis aux fers.

Peu de jours après l'arrivée du nouveau commandant, M. de Murinais tomba malade. C'était dans les premiers jours de décembre, et je crois du deux au trois. Il perdit connaissance presqu'à l'instant même qu'il fut attaqué. Nous ne pûmes lui donner aucun secours. Avant que l'exprès qu'on envoya à Cayenne pour prévenir Jeannet de sa position, y fût arrivé, notre malheureux doyen n'était plus. Jusqu'au dernier moment, il nous donna l'exemple du courage et de la résignation. Ce respectable vieillard, entièrement étranger aux intrigues dans lesquelles on avait feint de l'envelopper pour avoir à frapper une victime plus illustre ou plus pure, ne se plaignait point de son sort, ni de sa séparation d'une nombreuse famille, ni de la perte d'une grande fortune; mais il s'indignait que l'on eût pu douter de sa parole et de la fidélité avec laquelle il était résolu de remplir la mission dont il s'était chargé.

Quel spectacle que celui de cette première

séparation ! j'étais moi-même presque mourant, et déjà l'on disait que le plus jeune suivrait de près le plus vieux ; je recueillis mes forces et me traînai jusqu'à la case du général : je le trouvai suspendu dans son hamac. Personne n'était dans ce moment auprès de lui. Il était étendu, la bouche ouverte et desséchée. J'essayai de le faire boire ; il luttait contre la mort, et expira peu d'instans après. Quel affreux abandon pour un père de famille dans ces derniers momens ! M. de Murinais fut enterré hors du fort. Nous préparâmes pieusement ses funérailles ; et je dois dire que je puisai de nouvelles forces dans cette malheureuse scène.

On avait mis sous le scellé les effets de M. de Murinais, qui furent vendus publiquement dans le fort. Le juge-de-paix ayant employé le titre de citoyen dans le procès-verbal dont il faisait lecture en présence du commandant : « Rayez ce titre, dit Aimé, » ces coquins-là ne le méritent pas ».

Il n'y avait pas plus d'une semaine que nous avions perdu M. Murinais, quand Barthélemy tomba malade et parut aussi sérieusement attaqué ; on eut heureusement le tems d'envoyer à Cayenne, pour prévenir Jeannet, qui envoya une goëlette pour transporter Barthélemy à l'hôpital. Nous lui dîmes adieu, n'espérant pas de le revoir. Son ami le Tellier obtint la permission de l'accompagner.

Malgré la certitude que nous étions ensevelis vivans, malgré les funestes présages qui nous environnaient, chacun de nous s'arma de courage, et se roidit contre la nécessité. Les discussions politiques, lès conversations particulières, remplissaient beaucoup de tems. Notre malheur commun était le sujet intarissable de tous nos entretiens. A Dieu ne plaise que je voulusse reproduire les disputes dont je fus témoin. Des hommes dont les opinions, les professions, les talens, les intérêts différaient autant que l'âge et les passions se trouvaient réduits à une vie monotone et semblable, et il résultait de leur situation respective un tableau mouvant fort intéressant et fort instructif. Je n'entreprendrai point de le fixer. Malgré la confusion que les auteurs du 18 fructidor durent établir pour créer des motifs de vengeance, on sait assez quelle part différente prirent aux évènemens qui précédèrent cette catastrophe, tels et tels membres des deux Conseils, et ce n'est pas dans l'état passif d'une commune adversité, que se rapprochent ceux dont les jugemens et les vues ne s'accordèrent pas lorsqu'ils étaient en action. Je me bornerai donc à dire que chacun de nous se fit des occupations, ou chercha des distractions suivant ses goûts et ses habitudes.

Marbois, dont la sérénité d'ame semblait se proportionner sans effort, à la multiplicité de nos infortunes, montrait tant de calme, une humeur si égale, que ceux qui le connaissaient peu, ceux qui ne l'avaient pas entendu appeler sa femme et sa chère Sophie, auraient pu le croire insensible : il savait mieux qu'aucun de nous employer et varier ses loisirs ; il avait fait acheter des livres et lisait beaucoup ; mais il travaillait aussi de ses mains, et toujours avec un objet utile ou agréable pour la société commune. Il fabriqua lui-même, et très-proprement, les meubles qui lui étaient les plus nécessaires : il parvint à se faire un instrument avec lequel il faisait danser les nègres, qui l'aimaient beaucoup. Un d'entr'eux qui s'était trouvé à Saint-Domingue pendant son administration, avait beaucoup parlé de lui à ses camarades, et tous le respectaient. Marbois entreprit aussi de déblayer et nettoyer les allées d'orangers qui étaient obstruées ; il engagea les nègres à y travailler, et nous fit ainsi jouir de cette promenade, la seule que nous eussions.

Tronçon-Ducoudray, avec autant de courage que son ami, supportait comme nous tous les maux présens sans se plaindre, et couvrait de son mépris les vils instrumens de notre supplice : mais il ne pouvait se calmer ni se posséder, ni se taire sur le 18 fructidor : l'audace et l'impunité du crime l'irritaient comme au premier jour ; il était encore plus blessé de l'injustice que le Directoir avait impudemment exercée même dans ses propres suppositions : il leur demandait son accusation ; il demandait des juges aux échos de Synamary. Tronçon écrivait des mémoires, il travaillait avec tant d'assiduité qu'il ne se permettait presqu'aucune distraction, et sa santé en souffrait beaucoup ; il composa l'éloge funèbre de son collègue le général Murinais : il nous rassembla pour le prononcer devant nous avec la même solemnité, la même grace qu'il déployait à la tribune du conseil des anciens : tous les soldats de la garnison, tous les nègres accoururent pour l'entendre ; il avait pris pour texte : *Super flumina Babylonis, illic sedimus, et flevimus, donec recordaremur Sion* : sur les fleuves de Babylone, là nous étions assis, et nous pleurons en nous rappelant Sion. Sa touchante éloquence, son organe si plein d'harmonie, la vive peinture qu'il fit des malheurs de la France, l'éclat dont il fit briller le courage, la loyauté, la candeur et l'innocence du vieillard, nous fit verser des larmes : les soldats et les nègres furent d'abord émus, et puis tellement entraînés, que le fort retentit de leurs gémissemens. Jeannet, à qui on rendit compte de cette touchante scène, fit publier que quiconque chercherait par ses discours à appitoyer les soldats ou les nègres sur le sort des déportés serait fusillé sur-le-champ.

Lafond portait sur son front l'empreinte du plus sombre chagrin ; il était profondément occupé du désordre dans lequel son arrestation avait dû jeter sa maison de commerce, et celles de ses amis et correspondans ; sur-tout depuis qu'il avait perdu tous les moyens de correspondre avec eux, et peut-être de former à Cayenne, avec le crédit dont il y pouvait disposer, de nouvelles entreprises aussi utiles à sa malheureuse patrie qu'à lui-même : il vivait très-retiré, il ne parlait que de sa famille, de ses six enfans et de sa femme, dont le portrait était toujours entre ses mains.

Pichegru, toujours ferme, montrait cette confiance, cette espèce de pressentiment d'un meilleur avenir qui se communique aux autres, et que j'aimais à partager. Sa principale occupation fut d'apprendre l'anglais. Il conservait et portait dans ses distractions les habitudes et le ton militaire ; pour dissiper ses ennuis, il chantait ; nous chantions ensemble, et de préférence, des fragmens applicables à notre situation, non des plaintes et des romances, mais des expressions véhémentes, des chansons guerrières.

Barthélemy si maladif, si frêle que son existence était un miracle sur lequel il n'avait pas plus compté que ses proscripteurs, avait une vie intérieure, une force d'ame que son calme extérieur laissait à peine présumer, et qui se développait avec énergie dans toutes les circonstances. Avant qu'on le transportât à l'hôpital de Cayenne, dans les premiers tems de notre établissement, il s'était chargé, avec le Tellier, du soin le plus utile à la misérable colonie ; il faisait presque continuellement la chasse aux scorpions, et à tous les insectes qui nous dévoraient.

Je voudrais fixer ainsi quelques traits de chacun ; mais pour ne pas me laisser entraîner à des détails minutieux qui déjà échappent à ma mémoire, je me suis borné à faire ressortir dans ce triste tableau, nos vieillards et nos capitaines, et me suis contenté d'y placer auprès d'eux tous leurs compagnons d'infortune, qui n'ont sans doute

pas

pas plus que moi, la prétention d'attirer particulièrement les regards.

Mais je ne puis passer sous silence la conduite, les propos infames de Brottier dont j'ai déjà fait remarquer la liaison avec Billaud-Varennes ; il faut séparer ici de notre mémoire celui que notre mépris séparait de notre société. Je peindrai d'un seul trait ce méchant prêtre, et de la main de son collègue Lavilleheurnois. Celui-ci à la suite d'une dispute pendant laquelle les injures les plus grossières ne furent point épargnées, battait et souffletait l'abbé. Nous accourûmes à la case... « Laissez, messieurs, » laissez-moi corriger ce drôle-là, nous dit » Lavilleheurnois, ce traitement lui est né» cessaire, et quand vous le connaîtrez, » vous me remercierez, c'est un démon de » discorde ; et l'abbé Maury avait bien rai» son quand il écrivait aux princes : *s'il ne » s'agit que de tout brouiller, on ne pou» vait mieux faire que d'envoyer l'abbé » Brottier, il désunirait les légions cé» lestes* ».

Aux premiers jours de l'année, Willot et Bourdon tombèrent malades. Nous demandâmes vainement pour eux la même faveur qu'avait obtenue Barthélemy, et qui, je n'en doute pas, lui a sauvé la vie ; car il ne pouvait recevoir ni des soins plus salutaires ni de plus douces consolations que d'être dans les mains des bonnes sœurs de la charité, et de leur digne amie, Marie-Rose. Jeannet ne voulut jamais permettre que Willot et Bourdon fussent transportés à Cayenne, et il savait bien qu'à Synamary la mort frappait à coups sûrs. Le malheureux Bourdon succomba quelque tems après sous cette fièvre dévorante que la chaleur de son sang et sa rage continuelle contre ses anciens collègues avaient allumée de plus en plus. Willot fut à toute extrémité; nous suppléâmes de notre mieux par nos soins au manque absolu de secours. Je ne puis oublier le zèle et l'affection avec laquelle Marbois, qui dans une vive explication politique avait eu à se plaindre de Willot, le servait pendant sa maladie, préparait ses repas, se privait de ses meilleurs alimens pendant sa convalescence.

Vers la fin de janvier, Barthélemy parvint à nous faire savoir qu'un vaisseau américain venait d'apporter de France d'affligeantes nouvelles. L'usurpation de la république était consommée, les bons citoyens opprimés, les lois révolutionnaires en vigueur, les tribunaux de sang rétablis sous le titre de commissions militaires. Nous déplorâmes le sort de notre malheureuse patrie et nous cessâmes d'espérer aucun changement prochain au nôtre.

Il paroît que l'agent général Jeannet avait douté jusqu'à cette dernière époque, que le Directoire pût soutenir l'acte de violence du dix-huit fructidor, et qu'après avoir renversé la constitution, il fût possible de dominer la France encore une fois par la terreur. Ces nouvelles levèrent ses derniers doutes, et sa politique ne fut que trop bien expliquée par sa conduite à notre égard.

Il renvoya Barthélemy encore convalescent au fort de Synamary.

Il fit publier vers la fin de février une proclamation par laquelle il dénonçait aux nègres les déportés de Synamary comme des royalistes, qui avant le dix-huit fructidor voulaient les ramener à l'esclavage. Il paraissait nous dévouer à leurs poignards.

Il défendit aux habitans, sous les peines les plus sévères, d'avoir aucune communication avec nous. M. Grimond, procureur-général du département, qui était venu voir Lafond, même avant la défense, fut destitué peu de tems après ; non content de ces éclatantes persécutions, Jeannet rechercha et surprit les correspondances de quelques déportés : il avait fait annoncer le départ d'un aviso, et avait prévenu tous les colons qu'ils pouvaient en profiter pour écrire en Europe : quelques-uns d'entre nous l'avaient appris, et hasardèrent de faire passer quelques lettres à Cayenne : au moment où l'aviso chargé des paquets de toute la colonie mettait à la voile, Jeannet fit tirer dessus à boulet, le rappela à terre, et s'empara de toute la correspondance.

« Les déportés se plaignent de moi, disait » cet inquisiteur : mais ils béniraient ma » clémence, s'ils connaissaient les ordres » que j'ai reçus ».

Cependant malgré son zèle à servir les vues du Directoire, malgré ses efforts pour se rendre agréable, Jeannet avait de plus sérieuses craintes : il jugeait que les anarchistes remis en faveur, entraîneraient le prétendu gouvernement, déjà dirigé par leurs mains, et que les amis de Robespierre n'avaient qu'un pas à faire : les nouvelles apportées par l'aviso l'Aigle, le confirmèrent tellement dans cette opinion : il fut si effrayé qu'il fit proposer à Billaud Varenne, d'user de sa liberté : celui-ci refusa cette grace, en ajoutant que Jeannet avait beau faire, que jamais il n'oublierait sa conduite à son égard, et qu'il l'en ferait repentir un jour.

A-peu-près dans le même tems, le commandant Desvieux, faisant sa tournée des postes, vint visiter le fort de Synamary; il examina nos cases, et entra d'abord dans celle de Marbois. Ce court dialogue doit trouver place ici. « Bonjour, déporté Marbois, » comment vous trouvez-vous ici? Fort bien, » monsieur. — Monsieur, dites-vous : j'aime» rais mieux avoir reçu de vous un soufflet » que cette injurieuse qualification. Vous » manque-t-il quelque chose? — Rien, mon» sieur. — Avez-vous quelque plainte à for» mer? — Nous ne nous plaignons point. — » Au revoir, donc. — Au revoir, monsieur » Desvieux ». Il fit le tour des cases, et nous trouva tous immobiles, ayant un livre à la main, sans paraître nous appercevoir de sa présence.

Depuis le retour de Barthélemy, tout prenait autour de nous un aspect de plus en plus menaçant. Nos communications devenaient plus difficiles : nous savions que Jeannet avait dit : *s'ils ne sont enlevés par les Anglais, ils sont perdus, ils n'ont rien à attendre de la France.* Le lieutenant Aimé, dans une de ses visites, nous avait donné, pour me servir de son expression, la bonne nouvelle qu'on bâtissait dans le quartier de Conamama, des cases pour trois mille déportés. C'était au mois d'avril, vers l'époque des élections, que nous vîmes quinze cents nègres rassemblés avec trente ou quarante blancs, après avoir reçu une ration de rum, voter par ordre du Directoire, la nomination de Monge, alors commissaire pour la spoliation de l'Italie, à la place de représentant du peuple de Cayenne.

Ce fut alors que nous arrêtâmes entre nous huit, qui mangions ensemble, non encore le projet, mais la ferme résolution de tout hasarder pour nous soustraire par la suite et ravir au moins à nos tyrans, le plaisir de nous voir périr lentement sous leurs mains de fer.

Barthélemy et son ami le Tellier, qui se déterminèrent à lier leur fortune à la nôtre, ne furent admis que les derniers au nombre des conjurés : je me sers de cette expression, parce qu'elle a été consacrée par les révolutionnaires (1), et qu'aux yeux de ces bar-

---

Les déportés Pichegru, Dossonville, Larue et moi, arrivâmes à Londres dans le même tems qu'on fut instruit en Europe de la victoire complète remportée par l'amiral Nelson sur l'escadre française. Le directoire français savait déjà depuis long-tems cette désastreuse nouvelle; l'embarras étoit de l'annoncer à la nation : il n'était plus possible de se taire; il rompit le silence par un message à sa chancellerie (les deux conseils). Ce message, rempli de mensonges et de ridicules bravades, était terminé par un appel de deux cents mille hommes aux

bares, les victimes qui détournent seulement la tête du coup qui doit les frapper, com-

---

armées; le trio gouvernant « *promet* d'exterminer » tous les tyrans, notamment celui des mers et les » esclaves suisses. » Cette demande fut convertie en loi presqu'aussitôt ; mais la comédie n'eût pas été complète ; ce fut l'anarchiste Lecointre-Puyravaux, ce plat valet de Robespierre pendant tout le règne de ce monstre, qui se chargea de réchauffer l'enthousiasme de la nation. Après avoir débité quelques lieux communs, pour prouver que la nation françoise n'avoit nul besoin de marine, tout-à-coup enflammé du génie de la liberté, il révèle à la république entière, « que les déportés Pichegru, » Dossonville, Larue et Ramel, ont été assez au- » dacieux pour s'évader de la Guyanne ; qu'il est » assuré qu'ils sont à Londres, où ils trament une » conspiration » Fort bien, Lecointre ! qui vous a si bien instruit ? avec qui avons-nous conspiré ? pourquoi n'avez-vous pas ajouté qu'on nous avoit vus sur la flotte de l'amiral Nelson ?... Homme vil ! tu juges les autres par toi-même. Eh ! ne conspirez-vous pas assez contre la nation, toi, les gouvernans et leurs agens ? Qu'on vous laisse faire, et bientôt il faudra désespérer de la liberté ! Apprends, Lecointre, que le royaliste, le conspirateur, le dangereux Ramel a été plus sincèrement affecté du désastre de la flotte française, que toi, avec ton *pur* républicanisme. Les vaisseaux que je regrette, appartenaient à la nation, et non au directoire ; j'ai donné des larmes à la mort de tant de braves gens qui ont péri ; mais toi, homme lâche ! es-tu susceptible de quelque sentiment généreux ? Le général Pichegru étoit agonissant à son arrivée à Londres ; je ne sais s'il est mieux : on m'assure qu'il est dans la plus grande misère. Le voleur Reubell en sera étonné, ainsi que ses parens Rapinat, Schérer et Merlin de Thionville ; ces brigands ne peuvent point croire au désintéressement. Je m'honore de partager avec le général Pichegru la misère, et je ne crois pas

mettent un crime d'état, et celui-là conspire qui ose défendre sa liberté !

Nous communiquâmes notre dessein à Marbois, à Lafond et à Tronçon Ducoudray, qui ne voulurent point s'y associer : jamais ils ne se départirent de leur manière de voir ; ils se reposaient sur leur innocence, comme si elle n'avait pas été le premier motif de leur proscription : ils croyaient devoir à leur patrie, à leur famille, à eux-mêmes, d'attendre dans les déserts de Synamary le jour où la nation demanderait justice. « Oui, disait Marbois, qu'on nous fasse justice, justice sévère. » Qu'on nous appelle devant un tribunal » quelconque : qu'on nous juge ; et dussions-» nous être immolés, que du moins notre dé-» fense soit entendue par nos commettans ».

Plus irrité par l'injustice, plus impatient de briser mes fers, je préférais de courir des dangers peut-être moindres, quoique plus grands en apparence ; mais je ne pus m'empêcher d'admirer cette constance et ce respectable aveuglement.

Divers motifs nous engagèrent à borner notre confiance. Aucun autre déporté n'y fut admis, et le secret fut très-bien gardé.

---

trop m'avancer en disant que le sauveur de la France en 1793, 1794 et 1795, ne peut avoir jamais conspiré contre sa patrie. Il n'y a pas encore de loi qui déclare criminel de lèze-nation celui qui ne croit pas à la probité et à la morale de Barras et Laréveillère ; cela peut venir.

Au moment où l'empereur Caligula fut massacré, il avoit résolu de faire valider, par le sénat romain, le choix qu'il avoit fait de son cheval pour consul. *O servile pecus !...*

Le plan de cette évasion varia souvent, selon les moyens que chacun de nous imaginoit tour-a-tour. L'espoir nous soutint jusqu'au moment de l'exécution, nous n'avions plus une autre pensée, une autre occupation. L'idée qui se présentait le plus naturellement était de se réfugier chez les Indiens, et de tâcher de percer ensuite par l'intérieur du continent jusqu'aux établissemens portugais ; mais nous n'avions point de guides : nous ne pouvions espérer d'en trouver qui connussent l'idiôme et les usages de ces peuples, et qui voulussent se hasarder à nous y conduire ; nous savions que la nation des Galibis, la plus voisine des établissemens français dans cette partie, avait conçu pour eux une grande aversion ; et que depuis qu'ils avaient appris l'assassinat du roi des Français, commis impunément au milieu de la France, les chefs de ces peuplades avaient interrompu leurs communications (1). Enfin

(12) Je crois déjà entendre toute la bande révolutionnaire s'écrier : « *Habemus confitentem se reum!* » Il n'est plus possible de révoquer en doute la » conspiration ; elle a existé ; il désapprouve l'as- » sassinat de Louis XVI. » Afin de ne laisser aucun équivoque sur cette phrase, je vais développer le sens que j'ai entendu lui donner. J'ai voulu dire :

1°. Que, d'après la constitution de 1791, Louis XVI ne pouvoit être mis en jugement ;

2°. Que ceux qui l'ont jugé et condamné, étoient des législateurs et non des juges ;

3°. Que les prétendus juges furent ses accusateurs, ses témoins ; on a ajouté dans le tems, exécuteurs. — Plusieurs membres de cette affreuse assemblée, tels que Carrier, Cavaignac, Lebon, Maignet et tant d'autres, étoient bien dignes de remplir cette fonc-

nous n'avions que des renseignemens très-vagues et n'appercevions que des difficultés insurmontables. Ce projet fut donc rejeté.

Avant de détailler ici le plan que nous adoptâmes, je dois rendre compte de ce qui se passait autour de nous pendant nos conciliabules et nos apprêts; j'achève de raconter nos plus grands malheurs, nos derniers motifs, pour fuir cette terre de désolation, et je n'aurai plus à m'interrompre, en reprenant le récit de notre délivrance.

Le lieutenant Aimé étant tombé malade, fut transporté à Cayenne et relevé par monsieur Fréta, officier ferme, mais très-honnête. Il fit cesser les impertinences des nègres, nous dispensa des roulemens du tambour à la diane, fit de son mieux pour nous soulager.

Tronçon-Ducoudray était déjà très-malade, il avait besoin d'être servi. Il demanda un nègre; Jeannet lui envoya un nommé Louis, très-mauvais sujet, qu'il tira de la franchise. Nous savions bien qu'on ne mettrait auprès de nous que des hommes dont

---

tion.... J'ai été en droit de dire que Louis XVI avoit été aussi illégalement jugé, que moi déporté; et que le silence de la nation, et l'impunité de tant de forfaits, avoient conjuré sur elle tous les maux qui l'ont affligée depuis cette époque... J'engage les Français de rapprocher le règne du tyran Louis XVI avec l'administration sage, juste, clémente, et sur-tout économe des Barras, Rewbell et Réveillière-Lépaux. — Qu'on compare encore la situation présente de la France, avec ce qu'elle étoit au 18 fructidor.

on se serait assuré auparavant ; mais celui-ci était d'une impertinence intolérable. Il insultait Ducoudray, et le tourmentait : celui-ci se plaignit au commandant Fréta, qui fit arrêter le nègre, et le renvoya à Cayenne. Cette conduite irrita Jeannet : il rappela sur-le-champ Fréta, le fit de nouveau remplacer par Aimé, et ordonna que le nègre serait reconduit au fort. Louis revint donc plus insolent que jamais, et servit le malheureux Ducoudray malgré lui.

Nous ne fûmes pas fâchés que M. Fréta quittât le commandement du fort, il nous eût été très-pénible de le compromettre par notre fuite.

Voici comment le commandant Aimé signala son retour. J'ai déja fait observer la liaison de l'abbé Brottier avec Billaud-Varennes ; la conduite de ce prêtre nous indignait chaque jour davantage ; il ne parlait que de vengeance, de sang et de la nouvelle terreur qui devait selon lui opérer la contre-révolution. Lui faisait-on quelques observations sur ces cris de vengeance, il répondait précisément comme le fameux docteur révolutionnaire : *et que m'importe le nombre d'hommes, pourvu que l'espèce reste ?* Il inventait d'horribles calomnies et vomissait des injures contre tout le monde. Nous lui témoignâmes vivement notre mécontentement de sa conduite. Le commandant Aimé, pour mettre fin, disait-il, à nos querelles, nous fit mettre aux fers, vint nous y visiter, et s'appercevant que Barthélemy était extrêmement souffrant, il lui dit qu'il voyait bien qu'il n'avait pas assez de force pour supporter cette punition, qu'il allait le faire détacher, et l'envoyer aux arrêts dans sa case. Laisse-moi, lui répondit froidement Barthélemy, j'ai encore plus de force et de patience que tu n'as de barbarie. Laisse-moi souffrir en paix avec mes compagnons.

L'abbé Brottier, très-charitablement, demanda grace pour nous. Elle lui fut refusée. Heureusement Jeannet prit fort mal l'acte arbitraire du commandant Aimé, et dès qu'il en fut informé, il envoya le maire du canton, Vagel, qui se trouvait à Cayenne, lui porter l'ordre de nous faire sortir.

Dans les premiers jours du mois de mai, Tronçon-Ducoudray et Lafond, qui mangeaient ensemble, se sentirent presqu'en même tems fort incommodés. Quelques heures après ils commencèrent à vomir avec violence, et les symptômes les plus effrayans éclatèrent également dans l'un et dans l'autre. Ils souffraient des douleurs aiguës, et n'avaient pas un instant de relache. On écrivit sur-le-champ à Jeannet, pour lui demander la faveur qui n'étoit jamais refusée au dernier des criminels, de faire transférer à l'hôpital nos malheureux amis. Nous ne reçûmes d'abord aucune réponse : le danger augmentait; dénués de tout secours, nos soins ne pouvaient adoucir les angoisses de nos malheureux compagnons, nous insistâmes. Tronçon-Ducoudray, déjà enflé, et ne pouvant presque pas se remuer, écrivit à Jeannet. (1) Cette fois le monstre répondit par écrit au commandant Aimé. « Je ne sais pourquoi » ces messieurs ne cessent de m'importuner » ils doivent savoir qu'ils n'ont pas été en- » voyés à Synamary pour y vivre éternel- » lement ».

Les deux victimes pour lesquelles nous avions déjà perdu toute espérance, étaient dans la même case, dans leur hamac, dans leur lit de mort, en face l'un de l'autre. Les cris que la douleur leur arrachait, retentissaient au-delà de nos cases, rien ne put calmer leurs affreux vomissemens. Lafond, surtout, hurlait avec force, il levait les mains au ciel, appelait à grands cris sa femme et ses enfans.

Ce supplice dura de vingt-cinq à trente jours, mon cœur se serre toutes les fois que je me rappelle ce triste spectacle : nous nous empressions autour des malheureux ; Marbois, surtout, ne quitta pas un seul instant son ami Ducoudray. Je n'oublierai jamais ce zèle ardent de l'amitié, ce courage avec lequel il surmontait tous les dégoûts, le désespoir qu'on appercevait dans ses yeux, au moment même où il soutenait les forces de son ami.

Tronçon-Ducoudray lutta avec toute l'énergie de son caractère. La veille de sa mort il se traînait encore autour du carbet, appuyé sur un nègre. Il entra dans ma case. Je crois

(1) Ces lettres se trouvent dans les mémoires des autres déportés, faisant suite à cette relation. Ils paraîtront incessamment. (*Note de l'éditeur.*)

voir encore ce spectre ; il s'assit un instant sur mon hamac : « Je ne me flatte plus de » vivre, me dit-il, mais si votre projet s'exé- » cute, et que je sois encore vivant, emportez- » moi ; je voudrais exhaler mon dernier soupir » hors de cette affreuse prison : mon cher » Ramel, emportez-moi si vous pouvez ». Il me parla ensuite de ses deux amis, Dumas et Portalis, se félicitant de ce qu'ils avaient évité ce funeste sort, et me priant, si je les revoyais, de leur dire que sa dernière pensée serait pour eux, et qu'il leur recommandait ses enfans et sa mémoire.

Ce fut son dernier effort, il succomba le lendemain 27 mai. Quelques heures avant sa mort, il fit rassembler autour de lui Barthélemy, le Tellier, Pichegru, Marbois, Willot, Aubry, Dossonville et moi.

Voici quelques-unes de ses dernières paroles : « Fuyez, mes amis, fuyez de Synamary, que le ciel vous favorise ! moi je » vais mourir tout-à-l'heure : si jamais vous » revoyez mes amis, dites-leur que mon » dernier soupir a été pour eux et pour mon » pays, n'oubliez pas mes enfans. Si jamais » la fortune vous favorise, ne troublez pas » notre pays, bravez plutôt la misère ». Puis soulevant la tête et nous montrant la case de Brottier : « Il ne parle que de guerre » civile, il la desire : ah ! mes amis, promettez- » moi que vous l'empêcherez si vous le pou- » vez, promettez-le-moi ». Il souffrait encore dans ces derniers instans des douleurs cruelles, il avait une soif ardente ; mais tous ses sens, toutes ses facultés étaient présentes. Il partagea avec nous ce qui lui restoit d'argent comptant : il nous recommanda de nouveau d'avoir soin de sa mémoire, il vit couler nos larmes. Il nous dit adieu. Quelques momens avant qu'il expirât, l'abbé Brottier vint lui offrir ses secours spirituels ; il le remercia, et lui dit seulement : « J'ai toujours » cru en Dieu, j'ai toujours eu confiance en » sa justice ». Marbois ferma les yeux de son ami.

Lafond agonisant, témoin de cette scène, semblait ne pas devoir survivre à son ami. Absorbé par sa douleur, il pouvait à peine articuler quelques sons ; muet dans quelques instans, dans d'autres il nommait avec attendrissement ses enfans et sa femme sur le portrait de laquelle ses regards restaient constamment fixés.

Je n'ai pas de termes pour exprimer nos regrets : frappés de la perte que nous venions de faire et de celle qui nous menaçait, notre douleur concentrée ne s'exhalait que par des gémissemens sourds, plus pénibles mille fois que les larmes les plus amères.

Tant de violences exercées contre nous, et la rage effrénée du commandant, qui, lorsqu'on signalait des vaisseaux ennemis, s'écriait en prenant les armes : « Ah ! vous » comptez sur les Anglais ; mais vous avez » beau faire, ils ne vous prendront pas vi- » vans » ; plus que tout cela, l'approche de la saison mortelle des pluies et des ouragans, nous faisaient soupirer ardemment après le jour où nous pourrions affronter librement d'autres périls, pour nous arracher de ce tombeau.

Avant que Tronçon-Ducoudray et Lafond tombassent malades, notre parti était pris. Nous avions, comme je l'ai dit, renoncé à nous refugier chez les Indiens, et nous étions décidés à nous confier à la mer. Nous savions que les habitans de Surinam prenaient un vif intérêt à notre situation; ils nous l'avaient fait témoigner: ils avaient même adressé, au général Pichegru, une petite provision de bierre et de vivres frais: elle ne nous était pas parvenue; mais l'insolence du caboteur français, qui s'en était chargé et qui vint au fort se vanter, devant nous, d'avoir bu et mangé, avec son équipage, ces provisions qui nous étaient destinées par les généreux Hollandais de Surinam, nous dévoila ce secret important: notre espérance en fut d'autant plus fortifiée; mais nous n'avions aucune connoissance de cette côte immense et inhabitée; nous n'avions aucun moyen d'y naviguer: les goëlettes, les seuls bâtimens qui fréquentaient la rivière de Synamary mouillaient à la pointe, à une lieue du fort, et nous ne pouvions espérer de nous soustraire à la vigilance du commandant, ni d'atteindre et d'enlever au mouillage un de ces bâtimens: point de secours, point d'armes.

Nous nous promenions souvent sur le rempart, le long de la rivière; nous fixions, en soupirant, la côte de l'ouest. Notre imagination s'épuisait, nos regards se fatiguaient sur cette vue monotone, et nous n'appercevions ni sur les eaux, ni dans les bois, rien qui pût nous inspirer une idée secourable. Il y avait au pied de ce bastion, en dehors du fort et au bord de la rivière, une petite pirogue, qui servait à transporter à la redoute de la pointe, la garde montante et à ramener l'ancienne. Cette petite pirogue avait ses agrêts, et était consignée au sentinelle, qui était posé sur l'angle flanqué du bastion, dans l'intérieur duquel se trouvait le corps-de-garde. Nous avions souvent regardé la pirogue avec des yeux d'envie ; mais ce ne fut que peu-à-peu et poussés par le désespoir, que nous nous accoutumâmes à l'idée de nous hasarder, en pleine mer, sur un si frêle esquif; aucun de nous ne savait conduire un bateau, et sur-tout une pirogue, dont la manœuvre est difficile et périlleuse au milieu des flots. Nous n'avions point de boussole; il fallait nous confier à quelqu'Indien, ou à quelque matelot.

Notre première tentative échoua : Pichegru ayant essayé de séduire un Indien qui venait vendre des légumes dans le fort, celui-ci répandit les soupçons que cette demi-ouverture lui avait donnés.

Nous hasardâmes de nous ouvrir sans réserve à une personne qui se trouvait alors dans le fort, et que je ne dois pas nommer: si cet écrit tombe dans ses mains, qu'il reçoive ici en secret ce témoignage public de ma reconnoissance, et de celle de mes compagnons ; qu'il apprécie les vrais motifs de ma discrétion, et mes regrets de ne pouvoir publier son nom comme je publie sa bonne action.

Cette personne fut sensible à notre confiance,

fiance, et la justifia : elle connaissait fort bien la côte, et nous confirma dans l'opinion que nous ne pouvions aller qu'à Surinam ; mais en nous donnant, sur les divers postes des Hollandais, les renseignemens dont nous étions avides, elle nous assura qu'il n'était pas possible que cette pirogue si petite et si fragile pût nous conduire jusques-là, qui nous avions au moins cent lieues de navigation de la rivière de Synamary aux portes du fort Orange et de Mont-Krick ; qu'il n'y aurait aucune sûreté à prendre terre avant ce point-là ; et quand même nous y serions parvenus, il y avait dans cette colonie hollandaise une vigilance si sévère, que nous ne devions pas nous faire connaître ; et d'un autre côté, tous les étrangers qui n'avaient pas de bons passeports, n'y étaient point admis, et en étaient même repoussés. C'était par cette police et une administration également ferme et paternelle, que l'ancien gouverneur de cette heureuse colonie l'avait conservée à la métropole. M. de Fredericc s'était ainsi maintenu depuis le commencement de la révolution dans une égale indépendance, et des Anglais, dont il avait refusé la protection, tout prêt à défendre la colonie de Surinam contre leurs attaques, et du parti révolutionnaire, auquel il refusait d'abandonner des propriétés si précieuses à ses concitoyens. Combien de nouveaux motifs d'espérance, combien de nouvelles difficultés !

Nous avions un ami à Cayenne ; un de ces amis si rares dans les tems où nous vivons, qui ne craignait pas de se compromettre, et qui, si son nom échappait à mon indiscrète gratitude, braverait encore avec courage le ressentiment des tyrans. Nous l'instruisîmes de nos projets. Il ne tarda pas huit jours à nous transmettre par une main amie et sûre, huit passeports, tous signés de la main de Jeannet, et en tout conformes à ceux qu'il avait coutume de délivrer aux habitans de la colonie, qui allaient pour leurs affaires dans les colonies voisines.

Ils étaient sous les noms supposés suivans.

Celui de Barthélemy, sous le nom de	*Gallois.*
Pichegru,	*Picard.*
Dossonville,	*Daunon.*
Aubry,	*Desailleux.*
La Rue,	*Delvezai.*
Tellier,	*Tollibois.*
Willot,	*Toulouse.*
Ramel,	*Frédérik.*

A mesure que notre projet mûrissait, nous redoublions de précautions pour que nos geoliers n'en pussent rien apprendre; mais c'était surtout vis-à-vis de ceux des déportés qui n'étaient pas dans notre secret, que nous étions obligés à une circonspection très-difficile. L'abbé Brottier soupçonna le mystère, mais ne parvint pas à le pénétrer. Il se contentait de répéter souvent : « On se cache » de moi, on trame quelque chose que je sais » fort bien, et je ferai prendre les gens sur le » fait ». Il en était capable : nous ne pouvions étendre davantage le cercle de nos confidences sans compromettre le succès. Quand je comptais les conjurés, et que du haut des remparts je mesurais d'un œil furtif cette étroite pirogue, je la trouvais bien insuffisante. Cependant quoique notre troupe fût déjà trop nombreuse, nous fîmes une dernière tentative pour déterminer Marbois à venir avec nous. Il fut inébranlable dans sa résolution comme dans ses opinions : il n'eût pas d'ailleurs abandonné son collègue malade, son ami Ducoudray, et depuis sa mort, il semblait qu'il fût retenu par la terre qui l'avait reçu.

Ni l'opinion de Marbois, ni la peinture qu'il nous fit des dangers d'une navigation qu'il connaissait mieux que nous, ni la peine que nous avions à nous séparer de lui, rien ne put nous détourner d'achever notre entreprise ; tant étaient profonds nos ennuis, nos dégoûts, notre horreur pour la prison de Synamary !

Il ne nous manquait plus qu'un pilote ; mais où trouver dans ce désert l'homme capable d'un tel dévouement, l'ange qui devait nous sortir de cet enfer ? Voici comment la Providence y parvint !

L'ordre, dit-on, donné par le Directoire de courir sur les vaisseaux neutres, fit sortir du port de Cayenne, vers le 20 mai, une foule de petits corsaires, dont Jeannet excita la cupidité : l'un de ces corsaires, commandé par le capitaine Poisvert, captura à la hauteur de Synamary un bâtiment américain commandé par le capitaine Tilly, qui ; lui-même était propriétaire de la cargaison : elle consistait en farine et en divers comestibles, que le capitaine Tilly apportait précisément à Cayenne; il avait aussi dans sa cargaison une provision précieuse de quarante mille bouteilles de vin de Bordeaux, de vin de Rhin, et de différens vins d'Espagne.

La crainte d'être pris à son tour, par quelque frégate ou corsaire anglais, en louvoyant contre les courans pour remonter jusqu'à Cayenne, détermina le capitaine Poisvert à venir mouiller avec sa prise dans la rade de Synamary; peut-être aussi craignait-il pour sa proie, le partage du lion Jeannet.

Poisvert amena lui-même au fort de Synamary l'équipage de la prise, et le capitaine Tilly, qu'il traita avec beaucoup d'égards : ce fut un grand évènement pour le commandant Aimé, qui attendait quelques profits, et le plaisir de s'enivrer avec du bon vin de Bordeaux; les nègres et une partie de la garnison furent aussi très-contens d'être employés au débarquement de la cargaison américaine; déjà ce mouvement, ce nouvel intérêt étaient pour nous une diversion favorable.

Mais quel fut notre étonnement, quand le capitaine Tilly vint vers nous sans témoins, et nous dit, en fondant en larmes : « Hélas ! » c'est vous, infortunés, c'est vous que je cherchais. Je vous savais ici; j'ai des nouvelles » de vos familles et de vos amis, des paquets » que j'ai cachés dans des barils de farine » auxquels je ne peux plus toucher; je ne » m'attendais pas à être attaqué par un cor- » saire français, je me suis laissé affaler sous

» le vent de Cayenne, pour avoir un pré» texte de mouiller dans la rade de Synamary » ou dans celle de Courou, d'où j'espérais » lier avec vous des intelligences, et parvenir » à vous enlever : le ciel en a disposé autre» ment; je devais être votre libérateur, je » suis prisonnier avec vous; que puis-je faire » encore pour vous servir » ? Qu'on juge de l'impression que durent faire sur nous, dans de telles circonstances, les premières paroles du capitaine Tilly; sa seule présence était pour nous un bienfait du ciel, c'était depuis notre emprisonnement à Synamary, la seule personne qui eût pu communiquer librement avec nous, et nous donner des nouvelles sûres de notre malheureuse patrie et de l'état général des affaires; nous avions appris, sans aucun détail, la paix de Campo Formio. Tilly mit le comme à notre étonnement comme à notre indignation, en nous apprenant l'invasion de la Suisse. Barthélemy en fut surtout très-affecté. Enfin les violences commises envers les Américains, dont il était lui-même la preuve trop évidente, achevèrent de nous convaincre que nos malheureux concitoyens étaient entièrement asservis, et qu'il n'y avait plus de frein aux usurpations du Directoire.

La loyauté du capitaine Tilly, ses manières franches et ouvertes, l'intérêt qu'il nous témoignait, et que nous pouvions supposer partagé par la généreuse et libre nation, à laquelle il appartenait, entraînèrent notre confiance. Nous lui communiquâmes notre projet; nous le conduisîmes sur le rempart, en feignant de nous promener. Nous lui montrâmes la pirogue ; il frémit : « Non, » non, messieurs, non, dit-il, ne vous hasardez pas jusques-là ; vous péririez certainement. Cette pirogue ne peut ni vous » contenir tous, ni vous conduire jusqu'à » Surinam ; croyez-en mon expérience, cela » ne se peut pas ». Nous lui répondîmes que nous étions résolus à périr, plutôt que de rester entre les mains des barbares ; qu'au reste nous ne faisions qu'aller librement au-devant d'une mort inévitable ; que si nous la rencontrions prompte et violente dans le naufrage, le souvenir de la longue agonie de nos amis en adoucirait les horreurs. « Eh » bien, reprit-il, je ne crois pas que vous » puissiez échapper à tant de dangers ; mais » ne me refusez pas de les partager, je veux » gouverner moi-même la pirogue. J'em- » menerai mon pilote, mon intrépide Bar- » rick, et peut-être que le ciel nous pro- » tégera, que les vents nous serviront ». Dès ce moment le capitaine Tilly se montra aussi ardent que nous-mêmes à protéger notre fuite. Il mit dans notre confidence le brave Barrick, qui ne balança pas à se dévouer pour notre salut : nous ne voulûmes jamais consentir à ce que le capitaine Tilly s'embarquât avec nous ; mais il ne tenait aucun compte de nos refus, ni des craintes qu'il nous avait lui-même inspirées sur la petitesse du canot.

Tout étant prêt, il ne nous restait plus qu'à choisir le moment favorable pour tromper la vigilance du commandant Aimé, échapper à celle de Brottier, attaquer le poste, ou du moins la sentinelle qui veillait sur la pirogue, sortir du fort pour l'enlever, enfin gagner la haute mer, avant que l'alerte fût donnée à la garnison.

En se rappelant ce que j'ai dit des services secrets qui nous furent rendus par quelques personnes, on pourra présumer les soins qu'ils prirent pour nous aider à vaincre ces dernières difficultés, et sans désigner précisément les individus, il suffira qu'on connaisse les moyens qui furent employés.

C'était le premier juin ; nous touchions presqu'au jour marqué, à la scène préparée pour faciliter notre entreprise; nous approchions du dénouement sous l'augure sinistre des funérailles de notre ami. Sa perte était encore récente lorsque le capitaine Tilly nous annonça que Jeannet avait donné l'ordre de le transférer à Cayenne avec tout son équipage, et qu'il devait être embarqué dès le lendemain. Ce fut pour nous un coup de foudre, nous en fûmes presqu'abattus; Tilly voulait absolument se sacrifier et se cacher dans les bois jusqu'au lendemain 3 juin, dernier terme de notre cruelle attente, et courir à la pirogue au signal convenu. Nous eûmes beaucoup de peine à obtenir de lui qu'il cédât au brave Barrick l'honneur de cette belle action. Nous lui observâmes que la disparition de Barrick au moment où l'on ferait l'appel de l'équipage de la prise éveillerait moins les soupçons que celle du capitaine, dont les visites aux déportés et les promenades avec eux n'avaient été déjà que trop remarquées. Tilly ne se rendit encore qu'avec peine à cette dernière considération ; il nous quitta pour aller s'exposer à de plus grands dangers que nous, et porter tout le poids de la fureur de Jeannet, soit que nous fussions assez heureux pour nous échapper, soit que nous eussions le malheur d'être découverts et arrêtés avec Barrick. Tilly ne songeait qu'à nous, et s'il nous savait une fois arrivés à Surinam, il lui importait peu ce qu'on ferait de lui. Quels adieux ! Qui de nous osa se flatter de te revoir, incomparable Tilly !

Barrick disparut à l'instant, et se cacha dans les bois. Il fut convenu que le surlendemain 3 juin au coup de neuf heures, il se trouverait au bord de la rivière sous le bastion, et sauterait dans la pirogue au moment où il nous verrait paraître ; mais nous étions fort inquiets du sort de Barrick, qui fut presque dévoré par les monstres : il ne put se défendre des serpens et du terrible Cayman, qu'en demeurant pendant trente-six heures perché sur un arbre où il n'était point à l'abri des tigres.

Le capitaine Poisvert avait invité le commandant du fort à venir dîner, le 3 juin, à bord de la prise américaine : il voulait témoigner sa reconnaissance du bon accueil et des secours qu'il avait reçus de la garnison, qui, deux jours auparavant, avait fait très-bonne contenance vis-à-vis d'un corsaire anglais, qui s'était approché du mouillage. Pendant qu'il donnait un beau repas, et présentait les vins les plus précieux au commandant, il faisait donner à la garnison du gros vin de Bordeaux. Une jeune fille qui était arrivée de Cayenne depuis quelques jours, en faisait les honneurs, et distribuait les bouteilles de vin avec profusion aux soldats dans leurs casernes, dans le corps-de-garde, aux nègres dans leurs cases, aux sentinelles à leurs postes, aux déportés dans leur hangard. Ah! que cette journée nous parut longue! Avec quel intérêt nous suivions des yeux cette jeune fille, si joyeuse de verser des rasades aux soldats déjà enivrés; son activité, sa sollicitude nous servirent à souhait.

Tous burent largement, et nous aussi: nous eûmes l'air de prendre part a cette orgie: nous feignîmes une querelle entre nous pendant notre dîner, afin d'éloigner d'autant plus les moindres indices du complot: Aubry et Larue injurièrent Barthélemy, le Tellier s'en mêla, Dossonville et Pichegru se menacèrent, Willot et moi paraissions vouloir pacifier; les verres et les assiettes volaient, le vacarme fut à tel point, que les autres déportés accoururent pour les séparer; l'abbé Brottier lui-même nous engagea à mettre fin à ce scandale, qui s'accrut d'autant plus. Barthélemy fut le plus inhabile à feindre; et dans un faux geste de fureur, cassant froidement son verre, un éclat de rire manqua de le trahir.

La nuit s'approchait, nous vîmes rentrer chez lui le commandant Aimé, tout-à-fait ivre et qu'on portait comme s'il eût été mort. Le silence avait succédé aux chants, aux cris des buveurs; les soldats et les nègres étaient couchés çà et là, le service oublié, le corps-de-garde abandonné.

Avant de nous retirer dans nos cases, nous fîmes nos adieux à Marbois, pour qui cette séparation fut un pénible sacrifice, et qui regarda ce moment comme notre dernière heure.

Elle sonna cette dernière heure de notre séjour à Synamary! neuf heures sonnèrent; Dossonville qui veillait, avertit chacun de nous. Nous sortîmes, et nous nous rassemblâmes vers la porte du fort, dont le pont n'étoit point encore levé. Tout dormait d'un sommeil profond. Je monte avec Pichegru et Aubry sur le bastion du corps-de-garde, et je vais droit au sentinelle (c'était ce misérable tambour qui nous avait tant tourmentés); je lui demande l'heure qu'il est. Il fixe les étoiles. Je lui saute à la gorge, Pichegru le désarme, nous l'entraînons en le serrant pour l'empêcher de crier : nous étions sur le parapet : l'homme se débat fortement, nous échappe, et tombe dans la rivière. Nous rejoignons nos camarades au pied du rempart, et n'appercevant personne dans le corps-de-garde, nous courons y prendre des armes et des cartouches; nous sortons du fort, nous volons à la pirogue; Barrick était là : il vient au-devant de nous, il nous aide, il nous porte dans la pirogue. Barthélemy, infirme et moins agile que nous, se laisse tomber et s'enfonce dans la vase : Barrick le saisit d'un bras vigoureux, le retire, le met dans la pirogue. Le cable est coupé, Barrick tient le gouvernail : immobiles, silencieux, nous nous laissons aller au fil de l'eau ; les courans et la marée entraînent le léger esquif : nous écoutons et n'entendons que le murmure des eaux et la brise de terre, qui bientôt enfle notre petite voile. Nous cessons de voir le tombeau de Synamary.

Quand nous approchâmes de la redoute de la pointe qu'il fallait passer, nous amenâmes la voile afin d'être moins apperçus. Nous savions que les huit hommes qui étaient de garde à la redoute, avaient reçu leur bonne part des bienfaits du capitaine Poisvert, et qu'ils devaient s'être enivrés comme leurs camarades. Nous ne fûmes point hêlés ; la marée nous porta au-delà de la barre, nous laissâmes à notre droite le vaisseau de notre brave ami Tilly, nous passâmes tout près de la goëlette la Victoire, qui venait d'arriver de Cayenne, et que nous savions être commandée par l'honnête capitaine Brachet, que notre fuite a dû bien réjouir, et qui certainement ne s'y serait point opposé.

La brise fraîchit ; la mer était belle, mais en gagnant le large, nous courions le risque de nous égarer, et si nous suivions la côte de trop près, nous pouvions nous briser sur les écueils dont elle est parsemée jusqu'à Iraconbo : la lune parut tout-à-coup, comme pour éclairer notre marche ; ce moment fut délicieux : nous nous félicitâmes, nous remerciâmes la Providence, et notre généreux pilote Barrick, qui était dans un état affreux, enflé et meurtri par les piqûres des moustics.

Nous voguions heureusement depuis environ deux heures, lorsque nous entendîmes trois coups de canon ; deux du fort de Synamary, et un de la redoute de la pointe : bientôt après, le poste d'Iraconbo répéta les trois coups de canon : nous ne pûmes douter que notre fuite ne fût découverte ; nous ne redoutions déjà plus les poursuites directes de Synamary, où il n'y avait pas un seul bateau qui pût être armé ; nous avions d'ailleurs assez d'avance : les bâtimens que nous avions laissés en rade, auraient seuls pu donner la chasse ; mais les capitaines Poisvert et Brachet, auxquels le commandant Aimé ne pouvait donner des ordres, n'auraient point appareillé sans un ordre de Jeannet.

Nous n'avions donc à redouter que le détachement d'Iraconbo, que nous savions n'être composé que de douze hommes ; ils ne pouvaient venir à notre rencontre, que dans un bateau à-peu-près comme le nôtre, avec huit ou dix hommes armés : nous continuâmes à ranger la côte, préparant nos armes, et bien déterminés à nous défendre si nous étions attaqués, ou qu'on cherchât à nous barrer le passage sous le fort d'Iraconbo.

A quatre heures du matin, deux coups de canon se firent entendre dans l'est, et dans la minute il y fut répondu par un coup qui partit presqu'à nos oreilles ; nous étions devant le fort : il était nuit encore, rien ne parut ; nous marchions bien, et quand le jour se fit, nous nous trouvâmes sous le vent d'Iraconbo : nous n'avions plus à craindre d'être poursuivis, il nous restait à vaincre les dangers de la mer.

Notre pirogue étoit si petite et si rase que les moindres vagues la remplissaient, et nous étions obligés de travailler sans cesse à la vider avec une callebasse. La pirogue était si légère, que le moindre mouvement pouvait la faire chavirer. Nous fûmes au moment de périr de cette manière par une imprudence dont je fus seul coupable. Je ramais; un faux coup ayant engagé mon aviron, mon chapeau tomba dans la mer : je me penchai vivement pour le reprendre. Mon poids entraîna si subitement la pirogue hors de son équilibre, qu'elle ne se rétablit que fort difficilement, elle fut toute remplie d'eau. L'adresse de Barrick, et l'activité avec laquelle nous travaillâmes nous releva. Je fus sévèrement reprimandé par Pichegru, que nous avions fait notre capitaine. Barthélemi, encore tout noir de la vase de Synamary, profita de cette occasion pour se laver. J'eus le malheur de perdre mon chapeau, et ne pus défendre ma tête des rayons ardens du soleil, qu'en me faisant un turban de feuilles de *bananiers*, que les nègres pêcheurs avaient laissées dans le fond de la pirogue.

Nous n'avions ni boussole ni instrument pour prendre hauteur. Nous pouvions nous égarer dans la nuit; le moindre coup de vent pouvait nous arracher de la côte, lorsque nous étions forcés de tenir le large à cause des rochers ou des courans qui se trouvent aux embouchures des rivières. Il nous avait été impossible de nous charger d'aucune provision ; nous n'avions pas même du biscuit ni de l'eau. Le Tellier avait apporté seulement deux bouteilles de rum. Nous étions persuadés que les vents, qui soufflent constamment d'est en ouest, le long de cette côte, nous porteraient en deux jours à la hauteur de Monte-Krick, et qu'il suffirait de soutenir nos forces jusque-là par une liqueur spiritueuse.

Nous souffrîmes beaucoup de la chaleur pendant la journée du 4, cependant la brise était bonne. Nous rangions la côte, et quand la nuit nous en déroba la vue, nous nous estimions déjà par le travers de l'embouchure de la rivière de Marowni, dont les deux rives forment les limites respectives des possessions françaises et hollandaises, et qui n'est guère qu'à quarante lieues au vent du poste de Monte-Krick. A onze heures du soir, au lever de la lune, nous n'apperçûmes ni dans la conformation des terres, ni dans le mouvement des eaux, rien qui nous annonçât l'embouchure d'une grande rivière. Le 5, nous ne fûmes pas plus heureux : nous poursuivîmes notre route jusqu'à la nuit sans avoir connaissance de la rivière ni du fort de Marowni. Nous étions vraisemblablement encore un peu au vent et en deçà de la rivière d'Amaribo, partie de la côte qui se relève un peu vers le nord-ouest, et ne permet pas de découvrir fort au loin.

Le 6, un calme plat nous surprit, une faim cruelle nous tourmentait. Nous n'avions rien mangé depuis trois jours, nous étions desséchés par le soleil, dont l'ardeur n'était plus tempérée par la brise. N'étant plus distraits par le mouvement, ni soutenus par l'espoir prochain d'atteindre le terme de notre fatiguante navigation, nous vîmes toute l'horreur de notre situation; nous cherchions à relever notre courage; nous n'avions plus à attendre des secours humains, plus rien de nos efforts trompés par les élémens.

C'est dans ce jour de désespoir que nous nous excitâmes mutuellement à sacrifier nos justes ressentimens, à ne pas nous laisser entraîner par la vengeance: nous jurâmes devant Dieu, de ne jamais porter les armes contre notre patrie, nous nous résignâmes à la volonté de la Providence.

Le lendemain 7 juin, quatrième jour de notre navigation, le vent s'éleva et fraîchit un peu vers huit heures du matin; à dix heures nous nous trouvâmes en vue du fort de Marowni, et par le travers de l'embouchure de la rivière, que les bas-fonds, les récifs, et les courans rendent très-dangereuse. Nous ne franchîmes ces obstacles qu'avec beaucoup de fatigue et de danger: nous fûmes très-inquiétés par des requins monstrueux, qui entouraient et assaillaient notre pirogue; nous les éloignâmes à coups de fusil.

Nous supportions avec patience le tourment de la faim, jusqu'à nous égayer par des plaisanteries, sur les divers symptômes de nos souffrances; nous cherchions des yeux, mais toujours vainement, le fort et la rivière d'Orange; sur les six heures du soir, nous fûmes encore retenus par le calme.

Le 8, à trois heures du matin, les vents ayant fraîchi de nouveau, nous nous remîmes en route. A une heure, nous apperçûmes le fort Orange, nous le doublâmes, dans l'intention de ne mettre à terre qu'au poste de Monte-Krick, comme on nous l'avait recommandé : nous nous trouvions vis-à-vis le fort, à une bonne portée de canon, lorsque nous fûmes salués de plusieurs coups à boulet de gros calibre, qui se succédaient si vivement, que nous eussions été infailliblement atteints et coulés bas, si nous n'avions gagné le large. Cette rigueur nous fit redouter encore plus d'accoster la terre. Nous avons su depuis, qu'on avait voulu seulement nous forcer d'arborer notre pavillon ; nous n'en avions point.

Vers quatre heures après midi, le tems s'obscurcit, le vent augmenta, nous allions très-vîte, et cependant nous avions peine à fuir devant la lame qui nous poussait vers la côte ; notre brave pilote espérait pouvoir atteindre Monte-Krick avant l'orage, mais nous ne pûmes tenir plus long-tems ; nous risquions à chaque instant d'être engloutis ; Barrick dirige la pirogue vers le rivage : au moment où nous l'atteignions, une forte vague se brise et nous fait chavirer ; la marée était basse, nous nous enfonçâmes dans la vase, et malgré les efforts qu'il fallut faire pour nous dégager, malgré l'orage affreux qui fondait sur nous, nous n'abandonnâmes point la pirogue, et nous parvînmes à la retourner.

Enfin nous prenons terre, ignorant où nous étions,

étions, ni s'il nous serait possible d'aller le long de la côte jusqu'au fort Orange, dont nous nous estimions à huit lieues, quoiqu'il ne fût distant que de quatre.

Nous étions exténués de fatigue et de faim, nos haillons étaient tout mouillés et couverts de fange, nous n'avions d'abri qu'un bois couvert d'insectes et de reptiles, nous avions perdu dans le naufrage nos armes et nos munitions ; et comme la nuit s'approchait, nous entendions les hurlemens des tigres dans les intervalles du mugissement des vagues.

Quelle horrible nuit ! les vents déchaînés, une pluie de déluge, un froid pénétrant. Nous recueillîmes le reste de nos forces, et nous travaillâmes toute la nuit à retenir notre pirogue que les vagues entraînaient, et qui malgré nos efforts fut très-endommagée. Croira-t-on qu'il nous restât assez de forces pour une telle manœuvre ; après avoir souffert la faim, et enduré tant de fatigues pendant cinq jours et six nuits ? Nous étions tous nus dans la mer, luttant contre les flots qui nous arrachaient notre dernière espérance. Barthélemy, malgré ses infirmités travaillait avec nous, et nous donna l'exemple de la patience et du courage pendant cette nuit épouvantable.

Au point du jour (c'était le 9 juin, et le sixième depuis notre départ de Synamary), nous nous regardions avec une mutuelle pitié, nous étions transis de froid, nous nous sentions tout près de succomber, mais nous nous consolions encore, en disant : « du moins,

» nous ne mourrons pas entre leurs mains. »

Pichegru avait sauvé du naufrage sa pipe et son briquet, nous parvînmes à faire du feu ; nous séchâmes nos vêtemens, le ciel redevint serein, mais le vent soufflait avec furie.

Nous étions couchés à plat ventre sur le sable, ne pouvant nous défendre de la piqûre des insectes, et des morsures des crabes.

Le Tellier avait si bien ménagé la petite provision de rum, qu'il en restait encore une demi-bouteille. Nous avions le cœur si serré, que nous n'avions pas la force d'avaler, nous nous rafraîchissions seulement la bouche et les lèvres.

Pendant cette journée du 9, le Tellier, héroïque ami de Barthélemy, lui avait arrangé un petit abri avec des branches d'arbres, et pendant qu'il reposait ou plutôt qu'il s'éteignait, le Tellier, oubliant ses propres souffrances, chassait les insectes avec un léger rameau, et les écartait du visage et des mains de son maître. Quel dévouement, quelle part glorieuse le Tellier prit à nos malheurs !

Le soir, le tems redevint obscur; nous eûmes encore à travailler une partie de la nuit pendant la marée pour conserver la pirogue, n'ayant aucun autre moyen pour la fixer : comme les tigres nous approchaient beaucoup, nous ranimâmes notre feu, et nous passâmes ainsi le reste de cette seconde nuit depuis notre naufrage, et la septième depuis notre évasion.

Le 10 juin, au point du jour, nous apperçûmes au loin un vaisseau, que Barrick reconnut pour être corsaire anglais.

Nous étions blottis sous des arbres où nous avions fait une espèce de cabane : j'en sortis à six heures du matin pour examiner le tems, et notre pirogue. J'avais à peine fait quelques pas en me traînant, que j'apperçois sur le rivage à environ deux cents pas deux hommes armés, qui venaient vers nous : j'accours et crie *voilà des hommes*, tous nos malheureux se lèvent à la fois. Barrick, qui était le plus malade, à cause des piqûres des moustics de Synamary, Barrick s'élance, je lui montre les deux hommes, il part comme un trait ; nous nous cachons pour ne pas effrayer par le nombre.

En voyant accourir le pauvre Barrick, qui n'avait plus figure humaine, les deux soldats s'arrêtent et le couchent en joue : il tombe à genoux, lève ses mains suppliantes, pousse des cris, fait des signes, montre la pirogue; les soldats l'écoutent, s'approchent de lui; nous les entourons. C'étaient deux soldats allemands de la garnison de Monte-Krick. Pichegru leur parla, et nous apprîmes que nous n'étions qu'à trois lieues du fort de Monte-Krick. Ces soldats étaient envoyés en ordonnance au fort Orange, où ils ne pouvaient manquer de rendre compte du nombre et de l'état des naufragés; nous nous décidâmes à députer deux d'entre nous vers le commandant du fort, pour lui demander des secours, exhiber nos passeports, et lui cacher qui nous étions.

Barthélemy et la Rue furent choisis, nous leur fîmes boire le reste du rum, ils partirent. Au moment où ils arrivèrent au fort Orange, le commandant disposait un piquet de 50 hommes pour venir nous enlever. Nos envoyés exposèrent les motifs de notre voyage comme marchands, et tous les détails du naufrage dans lequel nous avions perdu toutes nos provisions et nos effets, ils ajoutèrent que le mauvais état de notre pirogue presque brisée ne nous avait pas permis de nous remettre en mer après la tempête. Le commandant les accueillit avec beaucoup d'humanité, et pendant qu'il leur fit donner à manger, il envoya des ouvriers et des nègres pour réparer notre pirogue, nous aider à la remettre à flot, et tâcher de retrouver nos prétendues marchandises. Nous vîmes arriver de loin cette troupe d'environ vingt personnes, qui ne laissa pas de nous inquiéter jusqu'à ce que deux de ces ouvriers qui parlaient français nous eussent expliqué les ordres qu'ils avaient reçus; nous les menâmes vers la pirogue, ils la tirèrent à terre et se mirent à la réparer avec le plus grand zèle, beaucoup d'adresse et d'activité.

A six heures du soir, Barthélemy et la Rue arrivèrent, ils étaient si joyeux et si troublés qu'ils ne songèrent pas à nous apporter une bouteille d'eau. Nous ne pouvions comprendre que Barthélemy eût retrouvé assez de force pour fournir une course de huit lieues sur des sables brûlans.

Notre pirogue était déjà réparée, les flots paraissaient appaisés, nous aurions bien voulu nous embarquer sur-le-champ; mais il fallait attendre la marée : les ouvriers que nous récompensâmes de notre mieux et que nous étions fâchés de retenir pendant la nuit, avaient ordre de ne pas nous quitter que nous ne fussions en mer. L'état de Barrick empirait ; cette nuit que nous devions passer encore au milieu des insectes pouvait être la dernière pour Barrick. Qu'on n'oublie point que ce brave homme dont la force physique égalait le courage et la vertu, avait souffert un cruel supplice pendant les deux jours qu'il avait passsés dans les bois de Synamary pour attendre le moment de notre évasion. Nous n'avions plus un instant à perdre pour sauver notre sauveur.

Le 11 juin, au point du jour, Barthélemy, la Rue, Aubry et Dossonville s'acheminèrent à pied le long de la plage, vers le fort de Monte-Krick, pour y demander asile, pour les pauvres marchands naufragés, et nous faire préparer à manger.

Quelques heures après, à la haute marée, Pichegru, Willot, le Tellier et moi, nous remontâmes dans la pirogue, que les ouvriers poussèrent vigoureusement au large en nous disant adieu : Barrick, mourant, reprit le gouvernail, et un peu avant midi, la pirogue entra heureusement dans la petite rivière de Monte-Krick. Nous débarquâmes. Barrick triomphant, reçut, par ce succès, le prix le plus doux de son généreux dévouement. Le commandant du poste de Monte-Krick avait déjà très-bien accueilli nos compagnons, et nous avait fait donner une case vaste, propre et commode sur le bord du crick. Quel moment que celui de notre réunion dans cette case ! Nos amis nous avaient préparé deux poules, du riz et du pain. — Du pain, qui cette fois fut arrosé de larmes de joie et de reconnaissance ; nous vivions, nous avions échappé à nos bourreaux, aux dangers de la mer, à la famine ; nous étions libres.

Après avoir pris un peu de nourriture, avec beaucoup de précaution, nous amarâmes notre pirogue, qui nous semblait un être animé, et pour laquelle nous avions tous conçu une affection reconnaissante.

Nous nous rendîmes ensuite auprès du capitaine qui commandait au fort, et que notre arrivée avait jetés dans un grand embarras ; il ne trouvait aucune vraisemblance dans le rapport que nous lui faisions comme marchands ; notre dénuement, nos haillons démentaient cette fable, et pourtant notre langage démentait notre misère. Il ne revenait pas de sa surprise, en considérant notre pirogue, et l'audace avec laquelle nous nous étions hasardés en pleine mer. Ce capitaine parlait français, nous fîmes de notre mieux pour le persuader ; nous lui montrâmes nos passeports, et nous observâmes qu'il avait auprès de son miroir, un exemplaire de signalement des déportés, que Jeannet avait fait imprimer et répandu dans les colonies voisines et dans tous les postes de la côte. Ce brave commandant, qui sans s'inquiéter davantage de la vérité de notre histoire, nous traita bien, par cela seul que nous étions malheureux, nous montra lui-même ce signalement, sans se douter de rien, comme il nous l'a assuré depuis : et certes, il eût été

difficile de reconnaître aucun de nous : il nous demanda si nous avions touché à Synamary, nous répondîmes que non. « Eh,
» que font, nous dit-il, ces malheureux Pi-
» chegru et Barthélemy, et leurs compagnons
» d'infortune ? Nous lui dîmes qu'ils avaient
» été bien malheureux, mais que dans ce
» moment, ils espéraient que leur sort allait
» changer »

Après avoir pourvu à nos premiers besoins, le commandant du poste nous prévint qu'il allait rendre compte de notre arrivée au gouverneur de la colonie. Il ne nous cacha pas le motif de la surveillance qui lui était particulièrement recommandée à l'égard des Français. La Colonie de Surinam était préservée par la vigilance de son chef des troubles qui avaient ruiné toutes les possessions françaises. Les nègres esclaves y étaient mieux traités, plus heureux, et par conséquent plus laborieux, que s'il avaient reçu le funeste présent d'une liberté illusoire. Jeannet mécontent de quelques refus à des demandes indiscrètes d'argent ou de vivres, avait dit, qu'il saurait bien se venger de ces *aristocrates* et *qu'il révolutionnerait Surinam*. Ainsi les commandans des forts de la côte avaient ordre d'observer de près les Français qui aborderaient.

Nous écrivîmes au gouverneur, nous lui exposions en peu de mots les atrocités commises envers nous, tant en France, qu'à Synamary, notre évasion, notre naufrage : nous réclamions, au nom de l'humanité et de l'honneur, protection et sûreté.

Il y a vingt-quatre lieues de Monte-Krick à Paramaribo, capitale de la Colonie de Surinam, où le gouverneur fait sa résidence.

Nous passâmes la journée du 12 à nous reposer, et soigner ceux d'entre nous que les premiers rafraichissemens rappelaient plus difficilement à la vie, Dossonville chez qui se développaient les symptômes d'une grave maladie, et le pauvre Barrick qui avait une fièvre ardente.

Nous étions tous hideux, brûlés par le soleil et la réverbération de la mer, enflés et déchirés par les piqûres des insectes; nos vêtemens n'étaient pas en meilleur état que nos corps, quelques-uns n'avaient pas de souliers. Nous rajustâmes de notre mieux nos guenilles; nous rougissions, non pour nous mais pour notre patrie, de reparaître en cet état aux yeux des étrangers.

Le 13 au matin, un colon dont l'habitation n'est pas éloignée de Monte-Krick, vint nous prier de venir chez lui, et nous fit les offres les plus obligeantes, sans soupçonner qui nous étions. Il insista pour nous amener chez lui sur-le-champ. Nous nous disposions à le suivre, lorsque Willot, de qui c'était le tour de service pour garder notre chère pirogue, apperçut de loin un cavalier et nous appela. Pichegru reconnut les marques distinctives du service d'Hollande, et nous assura que c'était un officier supérieur. Celui-ci, à la vue de notre case désignée sans doute dans le rapport du commandant, pique des deux, met pied à terre, monte dans la chambre où nous étions rassemblés, et demande avec une extrême agitation : M. Gallois, M. Picard, êtes-vous ici? Barthélemy et Pichegru se présentent vêtus d'une mauvaise veste de toile grise. Le général Hollandais fit un mouvement de surprise et d'indignation, puis il les embrassa plusieurs fois, et nous pressa tour-à-tour dans ses bras, ne pouvant pendant quelques instans proférer une seule parole.

« Messieurs, nous dit il, après un instant » de dilatation, vous avez bien jugé notre » gouverneur, il vous attend avec impatien- » ce, et tous les habitans de Surinam sont » également touchés de vos malheurs ».

Nous fondions en larmes, et l'excès de la joie manqua d'être funeste à quelques-uns de nous. Brave et sensible Hollandais, reçois ici l'hommage d'une reconnaissance dont la prudence enchaîne les expressions.

En quittant Monte-Krick nous nous séparâmes à regret de notre pirogue que nous avions baptisée *San Salvador*, et que nous aurions bien voulu pouvoir emmener avec nous. A quelque distance de la case nous trouvâmes sur le canal de Monte-Krick deux gondoles qui nous attendaient ; dans la première on avait préparé des rafraîchissemens, dans la seconde des habits, du linge, des souliers. Pour concevoir la sensation délicieuse que nous éprouvâmes, il faudrait avoir comme nous enduré tout nus sur une plage brûlante les ardeurs du soleil et le froid pénétrant de la pluie d'orage et des rosées. Ce même jour, dimanche 13 juin, nous fûmes coucher à l'habitation d'un ami de M. le gouverneur, qui prévenu par lui de notre arrivée à Monte-Krick avait exigé que nous prissions gîte chez lui, regrettant d'être retenu à la ville par des affaires de commerce, et de ne pouvoir venir lui-même au-devant de nous, mais il avait donné ordre qu'on nous préparât des logemens et des vivres. Quelle agréable surprise, et quelle impression produisit sur nous cette habitation ! Nous sortions des enfers, nous entrions dans un élysée, nous ne pouvions nous lasser d'admirer ces vastes jardins, ces bosquets, une belle maison, une table somptueusement servie, de superbes appartemens, des lits enfin.

Après le souper, les nègres et les négresses exécutèrent des danses comme pour nous faire oublier les outrages de Synamary.

Le 14 au matin, après avoir goûté un repos qui depuis long-tems nous était inconnu, nous nous rembarquâmes dans les gondoles, et nous descendîmes la rivière de Comervine, admirant la richesse des plantations qui bordent ces rives, la multiplicité et la propreté des canaux, l'élégance des jardins, la magnificence des bâtimens. Nout entrâmes dans la rivière de Surinam et nous arrivâmes à midi à une habitation où nous étions attendus; plusieurs des principaux colons s'y étaient réunis; nous les appercevions sur le rivage. A peine étions-nous abordés qu'ils s'élancèrent dans notre bateau et vinrent nous embrasser avec une effusion toute fraternelle.

Nous fûmes traités avec une magnificence qui contrastait honorablement avec nos barbes longues et nos visages calcinés.

La marée nous permit de repartir vers les quatre heures ; après une heure de navigation nous rencontrâmes une belle gondole, c'était le gouverneur lui-même qui venait à notre rencontre. Nous étions impatiens de connaître notre bienfaiteur, il passa dans notre barque, nous considéra, nous embrassa avec une vive émotion, et nous dit : « Soyez les bien-venus, oubliez, s'il se peut, » vos malheurs ; je ferai tout ce qui sera en » mon pouvoir pour en effacer la trace. Nous » sommes tous heureux de vous recevoir, » disposez de la colonie toute entière, dis» posez surtout de moi ».

Nous passâmes sous le fort Nassau, qui nous salua de cinquante coups de canon, répétés coup pour coup par le fort d'Amsterdam, sur la rive droite. Les batteries de Paramaribo répondaient : nous n'étions plus qu'à une lieue de la ville, le jour tombait ; il était nuit close quand nous entrâmes dans le port.

Toute la ville était illuminée, la garnison et les milices coloniales étaient sous les armes : nous débarquâmes au bruit de la mousqueterie et de l'artillerie de la place et de la flotte. Les applaudissemens, les cris d'allégresse retentissaient autour de nous, le peuple se pressait sur notre passage, voulait nous voir, nous porter dans ses bras. Au milieu de cette nombreuse escorte, de ce spectacle ravissant d'un peuple heureux et généreux, nous arrivâmes au palais du gouverneur.

Son épouse nous reçut avec autant de grace que de sensibilité ; l'impression que firent nos malheurs sur cette femme intéressante fut si profonde, que nous dûmes plusieurs fois éviter sa présence, parce qu'elle en était trop émue.

Le gouverneur retint chez lui Barthélemy et son fidèle le Tellier ; les principaux habitans se disputèrent le plaisir de nous loger. Tous nous comblèrent de témoignage d'estime et d'affection. Je devrais décrire les repas, les parties de campagne par lesquelles les habitans de Paramaribo s'empressèrent de nous montrer la joie qu'ils ressentaient de nous voir au milieu d'eux. On connaît la richesse et le luxe des habitans de Surinam, l'état florissant de cette colonie, l'aspect riant de ses cultures, l'agrément de la navigation intérieure, la pompe des établissemens publics et celle des maisons particulières. On peut se représenter aisément des fêtes ; mais ce qu'on ne peut imaginer, ce dont les exemples sont trop rares, c'est cette bienveillante humanité, animant tout un peuple, et rendant vivantes dans toutes les classes d'individus, les vertus du gouvernement. C'était ce sentiment, et non point une vaine curiosité que nous rencontrions dans nos respectables hôtes. Bien loin de nous fatiguer de questions sur les maux que nous avions soufferts, on évitait au contraire de nous en parler ; mais l'horrible tableau de Synamary, la captivité de ceux de nos compagnons qui y étaient encore détenus, peut-être plus dure à cause de notre évasion ; enfin la situation du brave capitaine Tilly, tombé entre les mains de Jeannet, toutes ces réflexions nous poursuivaient; et si quelquefois elles nous faisaient mieux sentir le le prix des bienfaits de la providence, et la douceur de notre situation présente, souvent aussi de cruels souvenirs troublaient ces riantes images.

Les jours s'écoulaient rapidement : le 18 juin, un caboteur de Cayenne, le capitaine David arriva à Paramaribo, chargé des dépêches de Jeannet pour le gouverneur. Il l'instruisait de notre évasion, et terminait ainsi sa lettre.

» Si ces messieurs n'ont pas été pris par » les corsaires anglais, s'ils n'ont pas péri, » ce que je crains, il n'est pas douteux qu'ils » doivent être réfugiés dans votre colonie; » dans ce dernier cas, je dois à ma place » de les réclamer, au nom du Directoire, » comme prisonniers d'état; si vous parve- » nez à les découvrir, je vous prie et même » vous requiers de les faire arrêter; mais » je vous supplie de n'user envers eux d'au- » cune violence, et de leur accorder tous » les égards dus à leur malheur ».

Le gouverneur répondit « qu'il n'avait » point eu connaissance de l'évasion de mes- » sieurs Barthélemy, Pichegru, etc., mais » qu'il était arrivé, depuis quelques jours à » Paramaribo, huit marchands et un mate- » lot; qu'il lui envoyait leur signalement et les » passeports qu'ils avaient produits; qu'au » reste il pouvait être assuré de ses ménage- » mens pour les déportés, s'ils arrivaient chez

» lui ». Le capitaine David fut bien traité, et il aurait pu expliquer à Jeannet (bien étonné sans doute de reconnaître sa signature au bas des huit passeports), le véritable sens de la lettre dont il était porteur. Il repartit pour Cayenne; nous avions appris par le capitaine David, la fâcheuse nouvelle de l'arrivée de la frégate la Décade, qui mouilla à la rade de Cayenne, le 6 juin, trois jours après notre départ, et qui avait à bord cent quatre-vingt treize déportés : dans ce nombre étaient deux membres du Conseil des Cinq-Cents, Gilbert-des-Molières et Job Aimé; l'un et l'autre étaient presque mourans.

Nous étions loin de concevoir aucune crainte des réclamations officielles du proconsul de la Guyanne; mais comme si on eût voulu nous rassurer par de nouvelles preuves de bienveillance, il n'y a sorte de bons traitemens, et même d'amusemens, qui ne nous fussent prodigués.

Cependant nous desirions vivement de passer quelques jours à la campagne. La plupart d'entre nous n'avaient pu reprendre assez de forces pour se livrer aux plaisirs qui nous étaient offerts de tous côtés. Nous avions tous besoin d'un profond repos, nous soupirions après le climat d'Europe, et nous étions résolus, après avoir rétabli nos malades, et profité pendant quelques jours encore, des soins généreux du bon gouverneur et de ses amis, de nous embarquer sous pavillon neutre, pour passer dans le nord de l'Europe; Barthélemy était si languissant, que nous n'espérions pas qu'il pût nous suivre, et le gouverneur jugeant qu'il n'était pas en état de soutenir la mer, le pressait d'y renoncer et de rester chez lui : Dossonville fut aux portes du trépas; les remèdes, les secours de l'art nous furent prodigués; et quand on connut nos projets, on fit tous les efforts possibles pour nous en détourner : on voulait, disait-on, nous retenir, nous garder à Surinam, jusqu'à ce que nous fussions rappelés dans notre patrie.

Nous retournâmes à la ville le 27, et nous fûmes bien surpris d'y trouver un second envoyé de Cayenne, qui apportait au gouverneur la réponse de Jeannet à la sienne.

Dans cette seconde lettre, il avouait que les passeports des prétendus marchands étaient en effet signés de lui; mais il affirmait que les négocians Gallois, Picard et autres, n'avaient jamais existé dans la colonie de la Guianne; qu'il n'ignorait point que Barthélemy, Pichegru et six autres déportés étaient à Paramaribo; qu'il le sommait de nous faire arrêter, et qu'il en rendrait compte à son gouvernement.

D'après cette lettre nous offrîmes au gouverneur de disparaître sur-le-champ, et de nous tenir cachés jusqu'au moment de notre départ pour Saint-Thomas, qui était déjà arrêté. Mais cet homme loyal aurait considéré cette précaution comme un acte de faiblesse.

Cependant, ne voulant pas devenir un sujet de querelles, et peut-être de représailles révolutionnaires de la part de Jeannet, nous prîmes le 28 au soir la résolution de nous arracher de Surinam. Dossonville était mieux et voulut partir avec nous. Barthélemy nous fit promettre de l'attendre à Saint-Thomas.

Dans la journée du 29, on acheva nos apprêts. Ce fut au nom de la colonie, que l'on fit frêter pour nous un petit bâtiment très-commode appartenant à M. Sticle. On le pourvut abondamment de vivres et de rafraîchissemens, et le pilote qui le commandait reçut ordre de suivre ceux que nous lui donnerions. Nous fîmes nos adieux à Barrick, qui fut comblé de présens par le gouverneur et par les habitans de Surinam. Nous n'avions à lui offrir, et nous n'aurions pu lui faire accepter que les témoignages de notre reconnaissance, nous lui promîmes de la publier au milieu de nos concitoyens, et, si nous le pouvions, dans toute l'Europe. J'ai acquitté une faible partie de cette dette. Barrick partit quelques jours après pour Philadelphie.

Le 30 juin, à quatre heures après midi, Pichegru, Willot, Larue, Aubry, Dossonville et moi, nous quittâmes Paramaribo, pour aller coucher à l'habitation de notre brave officier, qui se trouve au fond de l'anse où notre bâtiment descendit aussi pour nous attendre. Nous reçûmes les plus touchans adieux des habitans de Paramaribo. Le gouverneur et les principaux officiers, se rendirent à ladite habitation; plusieurs habitans s'y réunirent. Barthélemy quoique très-malade

malade ce jour-là, s'y fit transporter avec son inséparable le Tellier.

Quand je me rappelle les embrassemens de nos bienfaiteurs, leurs derniers adieux au bord de la mer, je sens couler mes larmes, et je n'essaie point d'exprimer ce que je ressentis en ce moment. Notre patriarche Barthélemy ne pouvait ni parler, ni presque se mouvoir; il nous bénissait de ses regards, et de ses mains affaiblies. Ce fut vers les huit heures du soir que nous nous arrachâmes des bras de tous ces braves gens, et que nous nous jetâmes dans un canot, pour aller à notre vaisseau. M. de Badenbourg, ancien officier de cavalerie au service de Hollande, frère du gouverneur de Berbiche s'embarqua avec nous. Il retournait auprès de son frère, et devait nous quitter à l'entrée de la rivière de Berbiche.

On leva l'ancre, nos adieux étaient entendus, et répétés par nos amis. Le rivage que nous appercevions à peine, retentit encore pendant quelques instans de ces derniers sons : — Adieu. — Soyez heureux. Adieu, n'oubliez pas Surinam.

La mer était très-houleuse. Nous courions à l'ouest en rangeant la côte, lorsque vers minuit, un coup de canon à boulet nous força d'amener. C'était un corsaire anglais qui s'était approché de nous, sans que notre pilote s'en fût apperçu. Le corsaire trouvant que nous n'amenions pas assez promptement, tira un second coup, et quand il fut à portée, il nous salua d'une décharge à mitraille, il nous hêla; nous répondîmes que nous venions de Surinam, et que nous allions à Berbiche en parlementaires. Il ne s'en tint pas là, et voulut nous visiter. La nuit était noire, les deux bâtimens s'abordèrent. Le capitaine anglais examina nos dépêches, et les passeports qu'on nous avait fait délivrer, il avait compté sur une bonne capture, il enleva nos fruits, retira son escorte, et nous laissa continuer notre route.

Le lendemain premier juillet, à la pointe du jour, nouvelle alerte, un coup de canon nous avertit d'amener; nous voulons l'éviter, un second coup part, celui-ci fut si bien dirigé que le vent du boulet renversa le pilote qui tenait le gouvernail; notre bâtiment n'étant plus dirigé fut entraîné par les courans par le travers de la rivière de Corentin dans laquelle nous nous trouvions; nous manquâmes chavirer.

Quelles furent notre surprise et nos craintes quand nous nous entendîmes hêler en français? Je n'apperçus que des nègres sur le pont, et je ne doutai pas que nous ne fussions tombés entre les mains d'un corsaire de Hugues, surtout quand je vis le capitaine mettre son canot à la mer manœuvré par six nègres. M. de Badenbourg qui n'était pas plus tranquille que nous monte sur le pont, et après avoir fixé un instant le canot, s'écrie : bonjour, capitaine Anderson, je vous reconnais, comment vous portez-vous? Nous respirâmes. C'était en effet le capitaine Anderson, qui peu de tems auparavant avait visité à la hauteur des Canaries le bâtiment sur lequel se trouvait M. Badenbourg en venant d'Europe : il fut très-honnête, et quand il apprit qui nous étions, il nous offrit de nous escorter, il nous assura que la côte était infestée des corsaires de Hugues. Le lendemain 2 juillet à la pointe du jour, notre pilote eut connaissance de la rivière de Berbiche et s'en approcha pour pouvoir mettre à terre M. de Badenbourg; comme nous nous disposions à mettre notre canot à la mer, un vaisseau que nous avions observé depuis quelques heures nous tira plusieurs coups de canon. Nous avions jugé que c'était un vaisseau anglais, mais sa manœuvre et son obstination à nous faire amener, quoiqu'il nous vît louvoyer à l'entrée de la rivière de Berbiche, nous persuada que c'était un corsaire français, et en effet, à peine fûmes-nous sous le canon du fort St. André, qu'il vint mouiller hors de la portée pour bloquer la rivière Nous nous déterminâmes à relacher nous-mêmes à Berbiche, colonie hollandaise occupée par les Anglais, nous priâmes M. Badenbourg de demander asile pour nous à son frère, jusqu'à ce que nous puissions repartir en sûreté.

Nous remontâmes la rivière à la faveur de la marée, et peu de tems après que nous fûmes séparés de M. de Badenbourg, deux voitures d'eau vinrent nous prendre à notre bord, et nous fûmes conduits à la maison du gouverneur; nous reçûmes le bon accueil que nous devions attendre du frère de notre loyal compagnon de voyage.

Nous lui dîmes que poursuivis par des

corsaires nous lui demandions asile et protection : voici littéralement sa réponse.

« Soyez tranquilles, messieurs, vous êtes
» ici sous la protection du gouvernement
» anglais ; mais je dois vous demander votre
» parole d'honneur de ne point sortir des
» terres qui sont sous l'autorité de sa ma-
» jesté Britannique, sans l'assentiment du
» gouvernement ».

Nous n'étions déjà plus libres de nous retirer. Nous reconnûmes l'impossibilité d'atteindre l'île danoise de Saint-Thomas, sans tomber entre les mains des corsaires, par lesquels Victor Hugues, instruit de notre fuite, nous faisait poursuivre : nous donnâmes notre parole, et nous nous livrâmes avec confiance aux soins de monsieur de Badenbourg.

Ce gouverneur, et tous les habitans de la colonie s'empressèrent de nous accueillir, comme nous l'avions été à Surinam. Madame de Badenbourg, une des plus intéressantes personnes qu'il soit possible de rencontrer, modèle de graces et de vertus, au milieu de sa nombreuse et charmante famille, nous prodigua ses soins et ses dons, et n'oublia rien de ce qui pouvait nous rendre agréable le séjour que nous fîmes à Berbiche.

M. le colonel Hislop, commandant des forces militaires de sa majesté Britannique dans les colonies de Berbiche et de Démérari, ayant été prévenu de notre arrivée, se rendit à Berbiche. Il nous dit que le général Boyard, commandant de toutes les forces de terre aux îles du vent, venait de lui expédier l'ordre de nous faire parvenir à la Martinique, et que pour nous garantir des corsaires, l'amiral Hervey avait expédié une frégate qui était attendue le 14; c'était le 9 que nous devions être rendus à Démérari.

Le colonel ajouta aux offres généreuses de la protection du gouvernement anglais, l'expression de sa sensibilité à nos malheurs, et de son zèle à nous servir.

Nous quittâmes avec beaucoup de regret, M. de Badenbourg et sa famille : je conserverai toute ma vie l'impression que je reçus du caractère, des qualités aimables, du genre d'esprit, de l'indépendance des opinions de M. de Badenbourg. C'est un sage occupé du bonheur des hommes, employant sa vie à répandre des bienfaits et de bons exemples.

Le colonel Hislop nous avait offert de nous faire conduire à Démérari par terre : nous préférâmes la voie plus prompte de la mer, et nous nous embarquâmes sur le bricq le Poisson Volant, le 9 juillet à onze heures du matin; le soir du même jour nous mouillâmes à l'embouchure de la rivière de Démérari.

Nous débarquâmes le lendemain dans cette belle colonie, que le gouvernement anglais s'attache à faire fleurir, et dans laquelle on remarque une plus grande activité que dans toutes celles de cette côte, à cause des fréquentes communications avec les Antilles. M. Beaujou, chef du commandement civil, nous accueillit de la manière la plus affectueuse, et tous les habitans montrèrent à l'envie, la part qu'ils prenaient à notre évasion miraculeuse. Le colonel Hislop nous reçut chez lui, et nous combla de politesses. Ses manières nobles annoncent une ame élevée. Depuis long-tems je le connaissais de réputation, je m'étais trouvé à la sanglante affaire de la reprise de Toulon, où le colonel Hislop, alord aide-de-camp du général O-Hara, se distingua par un trait d'humanité. On incendiait les vaisseaux qu'on n'avoit pu armer; le feu gagnait le Thémistocle, dans lequel étaient renfermés 1600 habitans réputés terroristes, Hislop les sauva au péril de sa vie.

Ce fut dans la traversée de Berbiche à Démérari que Willot et Aubry se sentirent attaqués de la maladie dangereuse qui les sépara de nous; ils tombèrent dès le lendemain dans un état de délire. Les médecins nous annoncèrent qu'ils ne pourraient pas s'embarquer avec nous, et qu'il y avait peu d'espoir qu'on pût les sauver : quelques jours après, Aubry respirant à peine, était tenu pour mort, et Willot était agonissant. Quel affreux spectacle! quel triste départ! Des huit déportés échappés dans la pirogue, quatre seulement, Pichegru, Dossonville, Larue et moi, nous nous embarquâmes le 17 sur la frégate anglaise la Grue, commandée par le capitaine Hello.

Le 20 nous passâmes à la vue de la Trinité et de Tabago.

Le 22 nous doublâmes l'île de Saint-Vincent.

Le 24 nous étions devant la Martinique, les vents nous empêchèrent d'entrer dans la baie du fort Royal : nous continuâmes notre route pour Saint-Christophe, où était le rendez-vous général du convoi des Antilles : nous y mouillâmes le 27.

Depuis plusieurs jours, j'avais été atta qé de la fièvre jaune, et si violemment, que je perdis connaissance avant que nous eussions vue de la Martinique. Je ne recouvrai l'usage de ma raison que le 22 août, environ un mois après. Je ne sais rien de ce qui se passa autour de moi pendant cette longue agonie. Je me trouvai dans un autre vaisseau, sans pouvoir me souvenir du moment où nous avions été transférés de la frégate la Grue, sur la frégate l'Aimable, commandée par le capitaine Grenville Lobb : Pichegru et Dossonville étaient aussi mal que moi : nous étions tous les trois dans la chambre du capitaine, et nous ne fûmes en état de nous parler pour la première fois, que vers la fin du mois d'août. Nous devons tous les trois notre existence au courage et aux soins du capitaine Lobb. Jamais on ne fit d'une manière plus simple un si grand sacrifice. Il ne nous quitta pas un seul instant, malgré la contagion de la fièvre jaune, plus redoutée et plus redoutable que la peste : il couchait dans la même chambre que nous, veillait lui-même aux soins pénibles et dégoûtans qu'exigeait notre situation. Lorsqu'après notre long délire, nous apperçûmes pour la première fois ce héros de l'humanité, nous ne pouvions ni concevoir, ni admirer assez une si haute vertu : jamais nous ne pûmes obtenir de lui qu'il s'éloignât de nous et songeât à sa conservation, après avoir assuré la nôtre.

Depuis le trente-sixième jusqu'au cinquantième degré, nous eûmes une affreuse tempête, pendant laquelle nous vîmes périr quatre bâtimens du convoi, et la flûte l'Etrusio qui s'engloutit après avoir perdu tous ses mâts.

J'élague les détails de notre fatiguante navigation, qui dura soixante-quatre jours.

Le 20 septembre, on eut vue de la terre : nous entrâmes dans la Manche, où, contre notre attente, nous trouvâmes des vents très-doux et la mer belle : nous découvrîmes les côtes d'Angleterre, et bientôt après celles de France : je tressaillis en les voyant, et je fus profondément attristé ; mon cœur s'échappait toujours de ce côté, et je ne pouvais comprendre qu'au-delà de cet horison, il n'y eut plus pour moi de patrie.

Le 21 septembre, jour anniversaire de notre départ de Rochefort, nous mouillâmes à la rade de Deal.

Le capitaine Lobb alla prendre les ordres de l'amiral Peyton, on ne nous permit pas de descendre à terre. On rendit compte au gouvernement de notre arrivée.

Le 24, la frégate l'Aimable qui avait été fort avariée pendant la tempête et qui ne pouvait tenir plus long-tems en rade dut se rendre à Sherness. Nous fîmes nos adieux au capitaine Lobb, dont l'intérêt et les recommandations nous avaient précédés, et nous suivirent à bord du vaisseau amiral l'Over-Yssel, où nous fûmes transportés ; les officiers anglais redoublèrent envers nous de soins et de prévenances, comme pour nous montrer que les nobles procédés du capitaine Lobb n'étaient pas seulement un effet de son caractère particulier, mais encore de la générosité qui distingue les officiers de la marine anglaise.

Le 27, le gouvernement ayant donné ordre de nous faire venir à Londres ; nous fûmes embarqués sur un cutter, dont le commandant nous combla d'attentions. Nous mouillâmes à Sherness. Ce jour-là même, le général Pichegru qui était très-malade fut transporté à Londres; nous allâmes l'y joindre le lendemain.

Nous fûmes conduits chez M. Wickam, chargé sous M. le duc de Portland, du département de l'intérieur de toutes les affaires relatives aux étrangers. Il nous reçut avec beaucoup de politesse, et nous témoigna la part qu'il prenait à nos malheurs. Il nous assura que nous trouverions auprès du gouvernement anglais, asile, sûreté et tous les secours dus par l'humanité aux victimes d'une barbarie sans exemple. M. Wickam exprima dans cette première conversation, et répéta dans plusieurs autres ses vœux pour la paix, et pour l'affranchissement de notre patrie. Il me dit en particulier le lendemain qu'il était instruit du desir que j'avais montré de passer le plutôt qu'il me serait possible sur le continent, et qu'on m'en donnerait les moyens, de manière à ce que je ne courusse pas le danger d'être pris.

Le 2 octobre, deux jours après notre arrivée à Londres, nous avions rendez-vous chez M. Wickam, lorsqu'en y entrant, nous nous nommâmes pour nous faire annoncer. Un homme, ou plutôt un squelette que nous avions remarqué dans un coin de la salle, étend les bras vers nous, se lève et s'écrie : « Ah ! mes amis, vous êtes sauvés, » tous mes maux sont finis, tous mes mal» heurs sont oubliés ». Il s'avance avec peine, nous l'entourons. Je suis Tilly, dit-il. Tilly, Tilly notre libérateur ! et nous n'avions pu le reconnaître, tant il était défiguré. Nous restâmes quelques instans confondus dans les bras les uns des autres, sans pouvoir nous parler ; nous arrosions ses mains de nos larmes. Hélas, dit-il, ni moi non plus ; si vous ne vous étiez nommés, je n'aurais pu vous reconnaître. Nous nous pressions réciproquement de questions, il voulut d'abord être instruit de notre sort, et de celui de son brave Barrick ; il satisfit ensuite notre empressement à-peu-près en ces termes :

« On reçut, nous dit-il, à Cayenne, le » 5 juin, la nouvelle de votre évasion, la » joie fut universelle et si vivement mani» festée, que Jeannet n'osa pas heurter l'opi» nion publique, et répondit aux habitans » qui lui en parlèrent, *que ne sont-ils tous* » *partis ?* On m'avait laissé libre sur ma » parole dans la ville de Cayenne, aucun » soupçon ne m'avait encore atteint.

» Le 6 juin, la frégate arriva de France. » Elle portait 193 déportés. Jeannet reçut » ses paquets, rien ne transpira de leur con» tenu ; on apprit seulement que plusieurs

» des déportés présens, des écrivains journalistes et des prêtres étaient à bord; la consternation succéda à la joie qu'avait causée notre fuite. Vers les 9 heures du soir Jeannet me fit prier de venir prendre le thé chez lui; il avait, disait-il, des objets relatifs au commerce à me communiquer. Comme dans l'audience qu'il m'avait donnée à mon arrivée de Synamary, il m'avait paru blâmer les agressions injustes du Directoire contre les Américains, et qu'il m'avait assuré que c'était à regret qu'il exécutait de tels ordres, et plus encore les ordres barbares relatifs à votre détention, je me rendis cette fois chez lui avec confiance, il redoubla de politesse, et quand nous fûmes tête-à-tête, il me dit :

» Vous savez les nouvelles de France : la tyrannie est à son comble; voilà encore des malheureux déportés que le Directoire envoie; à peine huit des premiers sont-ils échappés, que cent quatre-vingt-treize les remplacent. Je ne veux pas être plus long-tems le geolier et le bourreau de mes concitoyens, pour soutenir l'impunité de ces cinq brigands; je suis décidé à abandonner la colonie. Je vais acheter votre brick, et je vous le rendrai à Philadelphie, si vous voulez vous charger de m'y transporter.

» Je remerciai Jeannet de sa confiance : je répondis de mon dévouement, et l'encourageai dans sa bonne dispositionr.

» Je sais que vous êtes un honnête homme,

» reprit-il, je vous connais, et vous avez » dû voir, par mon silence, combien je répugne à faire du mal; je sais que c'est vous » qui avez facilité l'évasion des déportés de » Synamary, je ne vous en ai fait aucun » reproche; mais je pense que vous n'auriez pas dû compromettre ainsi votre » pilote.

» Je ne balançai point à répondre loyalement à cette dernière ouverture; et non-» seulement j'avouai tout ce que nous avions » fait à Synamary, mais je profitai de cette » occasion pour prévenir Jeannet, qu'outre » les paquets que je vous avais remis, il y » en avait d'autres sur mon bâtiment, dans » un baril de farine, dont j'indiquai le » numéro.

» A peine avais-je achevé ces indiscrets » et funestes aveux, que Jeannet se leva » furieux, renversa la table qui était entre » nous, appela sa garde, me fit saisir et en-» chaîner, et jura que dès le lendemain il » me ferait fusiller. Je fus conduit dans la » prison du fort.

» J'avais fait le sacrifice de ma vie, mais » Jeannet n'osa pas consommer son crime, » soit que les murmures des habitans l'aient » retenu, soit qu'il ait craint de perdre les » sommes qu'il a, dit-on, placées en Améri-» que. Je fus jeté dans un cachot avec les fers » aux pieds et aux mains, et ne reçus pour » toute nourriture, que du pain et de l'eau. » Dans cette affreuse prison, où j'ai passé les » deux mois de juin et juillet, on m'ôta jusqu'à » la consolation de m'être utilement sa-

» crifié pour votre salut, en m'assurant que » vous aviez été rencontrés et coulés bas, » par un corsaire de Cayenne.

» Dans la nuit du premier août, on m'en» leva de ma prison, mais sans me délivrer » de mes fers ; je fus conduit à bord de la » frégate la Décade, qui retournait en France: » on me jeta avec mes chaînes, dans la » fosse aux Lions. Je compris trop bien que » Jeannet, voulant détourner de lui la colère » des Directeurs, ne m'avait conservé que » pour me livrer à eux, et que j'étais destiné » à assouvir leur vengeance. Le capitaine » de la Décade eut ordre de me traiter » comme vous l'aviez été ; je n'eus d'autre » nourriture que de l'eau et du biscuit.

» Une fièvre ardente acheva de me con» sumer; j'étais prêt d'expirer le 3 septembre, » lorsqu'à la hauteur du Cap Finistère, la » frégate la Décade fut rencontrée, attaquée, » enlevée par le commodore Pecuel, com» mandant une frégate de même force : ce » brave marin me délivra et me fit trans» porter à Portsmouth; j'obtins la permis» sion de venir à Londres. Malgré l'état où » vous me voyez, je veux aller voir et con» soler ma famille qui me croit perdu : main» tenant que je vous ai vu, je n'ai plus une » autre pensée ».

Le capitaine Tilly avait déjà fait ses apprêts, et venait prendre congé de M. Wickam; il passa trois jours avec nous, et nous eûmes la satisfaction de voir, que la certitude de notre salut, ce prix si doux de ses nobles sacrifices, contribuait au rétablissement de sa santé.

Il est inutile que j'ajoute que le gouvernement anglais a disputé aux compatriotes de Tilly le plaisir de reconnaître sa belle action par des témoignages publics d'estime et de considération, et en lui prodiguant les secours qui lui étaient nécessaires.

Pour nous, il n'est point d'égards, de soins délicats dont nous n'ayons été comblés, et il n'est pas possible d'ajouter à ces procédés plus de grace et de prévenance ; j'en profitai jusques au moment où ma santé me permit de soutenir la mer.

Je me séparai le 19 au soir de mes compagnons d'infortune.

Je m'embarquai à Yarmouth le 21 octobre, et j'arrivai le 29 à Hambourg.

Mon récit est terminé, et par conséquent cet écrit. Je n'ai pas la prétention de donner des leçons de politique. Si j'avais des talens, je les consacrerais au rapprochement des partis également intéressés au rétablissement de l'ordre, de la morale et de la foi publique ; je voudrais par cet intérêt, par ce sentiment commun, amortir les haines et arrêter le cours des dissentions civiles. Les raisons se présentent en foule pour soutenir cette belle cause. Que ceux-là la fassent triompher, qui ont plus que moi le droit de se faire écouter. Je ne suis qu'un soldat, et ne puis offrir à ma patrie que mon bras et mon sang ; et l'un et l'autre, tant que je respirerai, seront, je le répète, dévoués à la conquête, ou à la conservation de son indépendance et des droits de mes concitoyens.

Le vrai n'est pas toujours vraisemblable. Vivre huit jours sans manger, et seulement quelques gouttes de rum, pour soutenir l'existence de huit hommes! *nec pueri credent*..... Cependant cette cruelle expérience est certaine, elle n'est pas unique, elle n'est pas nouvelle. Tacite dit que Drusus privé d'alimens, vécut jusqu'au neuvième jour. Mallet, dans son Histoire du Dannemarck, raconte « que de deux » princes enfermés par leur frère au château de Ni- » koping, et également privés d'alimens, l'un vint » jusqu'au onzième jour ». Nous trouvons plusieurs exemples semblables dans les voyageurs modernes, et il est arrivé quelquefois que des équipages entiers ont subi forcément cette terrible épreuve.

FIN.

www.ingramcontent.com/pod-product-compliance
Ingram Content Group UK Ltd.
Pitfield, Milton Keynes, MK11 3LW, UK
UKHW022104190726
13855UKWH00002B/625

9 782013 485227